IKIGAI

Abbraccia la Semplicità,
Trova la Gioia.
Un Viaggio
Step by Step
attraverso
la
Cultura
e la
Filosofia
Giapponese

Yumi Mori

Indice

Introduzione all'ikigai

Il concetto di IKIGAI trova le sue radici nell'arcipelago giapponese, un luogo dove la fusione tra tradizione e modernità crea una tela vivente di pratiche e filosofie di vita. Letteralmente, IKIGAI si compone di due parole giapponesi: "iki" (生き, che significa "vivere", e "gai" (甲斐, che indica "la ragione" o "ciò che vale la pena". Insieme, formano un concetto che può essere tradotto come "la ragione di essere" o "ciò per cui vale la pena vivere".

Questa filosofia si basa sull'idea che trovare il proprio IKIGAI, o la propria ragione di vita, contribuisce a una vita piena di significato, felicità e soddisfazione.

L'IKIGAI è un concetto profondamente radicato nella cultura giapponese, eppure non esiste una singola definizione universale, poiché si manifesta diversamente in ogni individuo.

Per alcuni, può essere trovato nel lavoro o nella carriera, per altri nelle relazioni o nelle attività di volontariato. Alcuni trovano il loro IKIGAI in passioni come l'arte, la musica o il giardinaggio.

Nonostante queste diverse manifestazioni, l'elemento comune è la ricerca di un'esistenza che bilanci le proprie passioni, la missione, la vocazione e la professione, portando ad una vita equilibrata e soddisfacente.

Nel contesto storico giapponese, l'IKIGAI era spesso associato al ruolo di una persona all'interno della sua comunità o società.

Nel periodo Edo (1603-1868), ad esempio, il concetto di IKIGAI era strettamente legato al lavoro o alla posizione sociale di un individuo, riflettendo l'idea che trovare soddisfazione e scopo nel proprio ruolo sociale contribuisse al benessere collettivo.

Tuttavia, con il mutare dei tempi e la modernizzazione del Giappone, la percezione dell'IKIGAI si è evoluta, spostando l'accento sulla ricerca individuale di un senso e di una felicità che trascendano il ruolo sociale.

Questo cambiamento rispecchia un aspetto fondamentale della filosofia IKIGAI: la sua

fluidità e la sua capacità di adattarsi ai cambiamenti della vita di una persona. L'IKIGAI non è un traguardo fisso, ma piuttosto un viaggio costante di esplorazione e scoperta di sé.
È un processo dinamico che invita gli individui a riflettere profondamente sulle loro vite, identificando ciò che li rende veramente felici e soddisfatti.

L'importanza di scoprire il proprio IKIGAI risiede nel suo potere di motivare e guidare le persone verso una vita più intenzionale e focalizzata.
Trovare il proprio IKIGAI significa allineare le proprie azioni con i valori personali, le passioni e le competenze, creando una sinergia che non solo arricchisce la propria esistenza ma contribuisce anche al benessere della comunità circostante.
In un mondo sempre più complesso e frenetico, il concetto di IKIGAI offre una bussola per navigare le sfide della vita, ricordandoci di cercare la gioia nelle piccole cose e di perseguire ciò che dà vero significato alla nostra esistenza.

Man mano che ci addentriamo ulteriormente nel concetto di IKIGAI, esploreremo come questo possa essere interpretato e vissuto nella vita quotidiana, offrendo al lettore strumenti per iniziare il proprio viaggio personale alla scoperta della propria "ragione di essere".

Questo passaggio dal contesto storico e culturale alla pratica individuale getta le basi per un'esplorazione più profonda di come l'IKIGAI possa essere integrato in varie sfere della vita, conducendo a una maggiore felicità e soddisfazione.

Proseguendo nel nostro viaggio attraverso il significato e l'origine dell'IKIGAI, esploriamo ora come questo concetto agisca come una bussola filosofica per guidare gli individui verso una vita piena di significato.

L'IKIGAI, più di una semplice "ragione di essere", rappresenta un approccio integrato alla vita che abbraccia la felicità, la soddisfazione e un senso di appartenenza al mondo.

L'IKIGAI si distingue per la sua capacità di incorporare diversi aspetti dell'esistenza umana: passioni, missioni, vocazioni e professioni.
È l'intersezione di questi elementi che costituisce l'IKIGAI di un individuo, offrendo una visione olistica della ricerca di significato. A differenza delle visioni occidentali della felicità, che spesso si concentrano sul successo individuale o sul raggiungimento di specifici obiettivi, l'IKIGAI pone l'accento sull'equilibrio e sull'armonia tra le diverse aree della vita.

Questa visione olistica incoraggia le persone a riflettere non solo su ciò che amano fare, ma anche su ciò che il mondo ha bisogno, ciò per cui possono essere pagati e ciò in cui sono veramente bravi. Il vero IKIGAI si trova nel punto di incontro di queste riflessioni, promuovendo una vita che non solo è gratificante a livello personale ma che contribuisce anche positivamente alla società.

L'approccio giapponese all'IKIGAI si allontana quindi dalla ricerca di una felicità effimera, basata sui piaceri momentanei, per abbracciare una gioia più profonda e sostenibile, radicata in un senso di scopo e realizzazione personale. Questa percezione dell'IKIGAI come un percorso verso la felicità autentica e duratura lo rende un potente strumento di crescita personale e di trasformazione.

Nel contesto del lavoro, ad esempio, l'IKIGAI non si limita al successo professionale o al guadagno economico. Si tratta piuttosto di trovare un lavoro che sia in armonia con i propri valori personali, che sfidi e soddisfi, e che permetta di contribuire in modo significativo alla comunità. Anche nelle relazioni personali, l'IKIGAI incoraggia la costruzione di legami autentici e significativi, basati su reciprocità, rispetto e crescita condivisa.

Il viaggio verso la scoperta del proprio IKIGAI è tanto personale quanto universale. Richiede introspezione, pazienza e, soprattutto, l'accettazione che l'IKIGAI possa cambiare nel tempo, riflettendo la naturale evoluzione della vita e delle priorità di un individuo. Questo processo di esplorazione continua offre infinite possibilità di apprendimento e di adattamento, guidando gli individui verso una comprensione più profonda di sé stessi e del loro posto nel mondo.

1.3 L'importanza dell'IKIGAI per il benessere personale

Comprendere l'IKIGAI come una bussola per il benessere personale invita a una riflessione profonda sulle proprie scelte di vita e sulle fonti di gioia e soddisfazione. In questo contesto, l'IKIGAI si rivela non solo come un percorso verso la realizzazione personale ma anche come un fondamento essenziale per il benessere psicofisico.

Attraverso l'esplorazione dell'IKIGAI, si apre la possibilità di vivere una vita più intenzionale e allineata con ciò che veramente conta per noi, incidendo positivamente sul nostro stato di salute generale.

La ricerca del proprio IKIGAI stimola una connessione più profonda con le proprie passioni e valori, invitando all'auto-riflessione e all'autenticità.

Questo processo di introspezione non solo aiuta a chiarire i propri desideri e obiettivi ma promuove anche un senso di pace interiore e soddisfazione personale.

Vivere in accordo con il proprio IKIGAI significa prendere decisioni che riflettono i nostri valori più profondi, riducendo il conflitto interiore e aumentando la coerenza tra pensieri, parole e azioni. Questa armonia interiore è fondamentale per il benessere psicologico, poiché contribuisce a diminuire ansia e stress, fattori spesso legati a stili di vita disallineati dai propri valori autentici.

Oltre agli aspetti psicologici, il percorso verso il proprio IKIGAI ha un impatto tangibile anche sul benessere fisico. La passione e l'entusiasmo derivanti dal perseguire attività e obiettivi allineati con il proprio IKIGAI possono tradursi in un miglioramento delle abitudini di vita. Questo include l'adozione di una dieta equilibrata, l'impegno in attività fisica regolare e la cura del riposo e del recupero, aspetti tutti cruciali per mantenere il corpo in salute e prevenire malattie.

L'equilibrio e la moderazione, principi fondamentali della filosofia IKIGAI, guidano verso scelte di vita che sostengono la longevità e il benessere.

Il concetto di IKIGAI si distacca nettamente dalle narrazioni occidentali di successo e produttività, spesso misurate in termini di risultati tangibili e riconoscimenti esterni.

L'IKIGAI, al contrario, valorizza il percorso tanto quanto la destinazione, ponendo l'accento sulla soddisfazione derivante dal fare ciò che si ama, indipendentemente dal riconoscimento o dalla remunerazione esterna.

Questa differenza di prospettiva invita a riconsiderare cosa significa vivere una vita di successo, orientando verso una definizione più personale e intrinsecamente motivata di felicità e realizzazione.

Nel cuore della cultura giapponese risiede l'IKIGAI, una bussola interiore che guida gli individui verso una vita di profondo significato e soddisfazione.

Questa ricerca di autenticità e scopo contrasta nettamente con molte delle filosofie occidentali sulla felicità, che tendono a enfatizzare l'accumulo di successi esterni e beni materiali come indicatori chiave del benessere. Tuttavia, l'IKIGAI si distingue per la sua enfasi sulla felicità interna e sulla soddisfazione che nasce dall'armonia tra le passioni, i talenti, le necessità del mondo e ciò che può essere remunerativo.

Questo approccio alla vita, radicato nella filosofia e nella cultura giapponese, offre una prospettiva rinfrescante e profondamente significativa sul concetto di felicità.

L'IKIGAI e le Filosofie Occidentali sulla Felicità

A differenza delle filosofie occidentali, che spesso percepiscono la felicità come un obiettivo da raggiungere tramite il successo personale, l'IKIGAI incoraggia un'esplorazione interiore per scoprire ciò che veramente accende la nostra passione e ci spinge a contribuire al mondo in modo significativo. L'IKIGAI non si focalizza sull'ottenimento di traguardi esterni, ma sulla realizzazione di un equilibrio vitale che arricchisce ogni aspetto dell'esistenza.

La Differenza nel Percorso verso la Felicità

Le società occidentali tendono a misurare la felicità in termini di realizzazioni individuali e status sociale, spesso trascurando l'importanza dell'equilibrio personale e del contributo alla comunità. Questa ricerca esterna di approvazione può portare a una sensazione di vuoto e insoddisfazione, anche quando si raggiungono successi apparenti. Al contrario, l'IKIGAI si concentra su un senso di scopo intrinseco, che valorizza le piccole gioie quotidiane e l'importanza di vivere in armonia con se stessi e con gli altri.

L'Impatto sull'Individuo e sulla Società

La visione olistica dell'IKIGAI promuove non solo il benessere individuale ma anche il benessere collettivo. Riconoscendo che la nostra felicità è intrecciata con quella degli altri e con l'ambiente che ci circonda, l'IKIGAI invita a pratiche di vita sostenibili e a un senso di responsabilità comunitaria. Questa filosofia si distacca dall'individualismo accentuato di molte culture occidentali, sottolineando invece l'importanza delle relazioni interpersonali e della connessione con la natura.

Verso un Integrazione dell'IKIGAI nella Vita Quotidiana

Il passaggio da una comprensione dell'IKIGAI come concetto distinto dalle filosofie occidentali sulla felicità a un'esplorazione di come possiamo integrare questa saggezza nella nostra vita quotidiana è cruciale. Il punto successivo del libro si concentrerà su come, attraverso la consapevolezza e le pratiche quotidiane, possiamo allineare le nostre azioni con il nostro IKIGAI, trasformando la nostra esistenza in un percorso di continua scoperta e realizzazione.

La nostra esplorazione ci condurrà attraverso esempi concreti e pratiche consigliate per vivere in accordo con l'IKIGAI, dimostrando che questa filosofia non è soltanto un ideale lontano, ma una realtà accessibile e vivibile che arricchisce ogni momento della nostra vita. Attraverso questo cammino, scopriremo che l'IKIGAI non è un traguardo finale, ma una guida costante verso una vita di significato, gioia e soddisfazione profonda.

1.5 Panoramica del viaggio: cosa aspettarsi dal libro

Mentre ci avviciniamo al termine della nostra introduzione all'IKIGAI e alla sua filosofia intrinseca, è essenziale delineare la struttura del viaggio che ci attende nelle pagine a venire. Questa panoramica non solo stabilisce le aspettative per il lettore ma funge anche da bussola che guida attraverso i vari aspetti della cultura e della filosofia giapponese, che insieme tessono il ricco tessuto dell'IKIGAI. In questo contesto, il punto 1.5 del nostro libro svolge un ruolo cruciale, offrendo una visione anticipata di ciò che il lettore imparerà e scoprirà, facilitando così un percorso fluido verso la scoperta personale dell'IKIGAI.

La Mappa del Viaggio

Il viaggio alla scoperta dell'IKIGAI è tanto un'esplorazione interna quanto un apprendimento delle tradizioni esterne che hanno nutrito questa filosofia per secoli. Nei capitoli successivi, il lettore verrà guidato attraverso una serie di passaggi progettati per illuminare i vari angoli di questa pratica di vita, ciascuno dei quali è essenziale per comprendere pienamente il proprio IKIGAI e come esso si manifesta nella vita quotidiana.

Dal Concetto alla Pratica

La transizione dal comprendere l'IKIGAI come una filosofia a integrarlo come una pratica quotidiana è al centro del nostro viaggio. Attraverso storie, esercizi, e riflessioni guidate, i lettori saranno invitati a esplorare le proprie passioni, missioni, vocazioni e professioni, scoprendo come questi elementi si intersecano per rivelare il proprio IKIGAI unico. Questo processo non solo arricchisce la comprensione personale del significato e dello scopo ma fornisce anche strumenti pratici per applicare questi insegnamenti nella vita di tutti i giorni.

Integrare l'IKIGAI nella Vita Quotidiana

Un tema ricorrente del libro sarà come l'IKIGAI può essere vissuto e integrato in ogni aspetto della vita quotidiana, dalla carriera e dalle relazioni personali, al tempo libero e al benessere fisico e mentale.

Attraverso esempi concreti e suggerimenti applicabili, i lettori saranno incoraggiati a fare piccoli ma significativi cambiamenti nelle loro routine, scelte e mindset, avvicinandosi sempre più alla realizzazione del proprio IKIGAI.

Verso una Comprensione Più Profonda

Man mano che progrediamo nel libro, ogni capitolo costruirà sull'altro, approfondendo la comprensione dell'IKIGAI e del suo impatto trasformativo sulla vita.

Dal valorizzare la semplicità e il minimalismo alla pratica della mindfulness e della meditazione, dal costruire abitudini positive alla superazione degli ostacoli, ogni sezione offrirà spunti preziosi per un percorso di crescita personale e di felicità duratura.

Preparandoci a immergerci nel primo passo pratico di questo viaggio – identificare le proprie passioni e interessi (punto 2.1) – è fondamentale comprendere che ogni passo successivo è inteso come una pietra miliare nel percorso individuale verso il trovare e vivere il proprio IKIGAI. Questa fase iniziale è cruciale per gettare le basi di una ricerca approfondita e autentica del significato personale e della gioia.

Attraverso l'esplorazione dell'IKIGAI, ci impegniamo in un viaggio trasformativo, uno che promette di arricchire ogni aspetto della nostra vita, conducendoci verso una comprensione più profonda di noi stessi e del nostro posto nel mondo.

Capitolo 2: Scoprire il Proprio IKIGAI

2.1 Identificare le proprie passioni e interessi

Avventurandoci nel cuore del nostro viaggio IKIGAI, il punto di partenza è una profonda esplorazione delle proprie passioni e interessi. Questo capitolo serve come fondamento per la scoperta del proprio IKIGAI, enfatizzando l'importanza di riconoscere e coltivare ciò che naturalmente ci attrae e ci entusiasma. Identificare le proprie passioni non è semplicemente un esercizio di auto-riflessione; è un passo essenziale verso la creazione di una vita che risuona profondamente con il nostro essere più autentico.

L'Esplorazione delle Proprie Passioni

Le passioni sono quelle attività che ci fanno dimenticare il tempo che passa, che ci energizzano e ci riempiono di gioia. Sono espressioni pure del nostro io più autentico e spesso rispecchiano i nostri valori e ciò che consideriamo importante nella vita. Identificare queste passioni richiede un'attenta introspezione e l'apertura a esplorare nuove esperienze. In questo capitolo, incoraggiamo i lettori a fare proprio questo, offrendo strategie e esercizi progettati per aiutarli a connettersi con i propri interessi più profondi.

Ascoltare il Proprio Cuore

Uno dei metodi più efficaci per scoprire le proprie passioni è prestare attenzione a ciò che naturalmente attira la nostra curiosità e interesse. Questo può richiedere di mettere da parte le aspettative esterne e i giudizi per dare spazio a una vera esplorazione interiore. Attraverso attività di journaling, meditazione sulla consapevolezza e sperimentazione di nuovi hobby, i lettori verranno guidati a identificare i temi e le attività che li entusiasmano veramente.

La Sperimentazione Come Chiave

Un aspetto fondamentale nella scoperta delle proprie passioni è la sperimentazione. Aprire la mente e il cuore a nuove esperienze permette di scoprire interessi precedentemente nascosti o inaspettati. In questo capitolo, suggeriamo modi pratici per esplorare nuovi ambiti, sottolineando l'importanza di avvicinarsi a questa esplorazione con una mentalità aperta e priva di giudizi.

Superare gli Ostacoli

Nel percorso verso la scoperta delle proprie passioni, è normale incontrare ostacoli e sfide. Questi possono variare dalla paura del giudizio al dubbio di non essere abbastanza bravi in una determinata area. Affrontiamo queste preoccupazioni direttamente, offrendo consigli e strategie per superarle. Ciò include il riconoscimento e l'accettazione delle proprie vulnerabilità come parte integrante del processo di crescita

Avendo esplorato le proprie passioni e interessi, il passo successivo è riconoscere le proprie competenze e talenti.
Questo approfondimento naturale ci porta a esaminare come le nostre passioni si allineano con le nostre capacità, formando così una visione più chiara del nostro IKIGAI. Nel prossimo capitolo, esploreremo come questo allineamento tra passione e

competenza possa servire da potente leva per la realizzazione personale e professionale, stabilendo un ponte solido verso la scoperta del proprio IKIGAI.

Avendo iniziato il nostro viaggio alla scoperta dell'IKIGAI, esplorando passioni e interessi, ci avviciniamo ora al punto successivo: riconoscere le proprie competenze e talenti. Questa fase del viaggio è fondamentale perché ci permette di vedere come le nostre passioni non solo arricchiscono la vita ma possono anche essere canalizzate in modo produttivo e gratificante.

Identificare e valorizzare i propri talenti richiede un'esplorazione consapevole delle proprie abilità e dei propri successi, nonché la volontà di accettare e coltivare i propri punti di forza.

Comprendere le Proprie Competenze
Le competenze e i talenti sono spesso rivelati attraverso le attività che ci riescono con

naturalezza e quelle in cui tendiamo a eccellere.

Tuttavia, molti di noi sottovalutano o trascurano i propri talenti, forse perché ci sembrano così naturali che non li riconosciamo come tali.

In questo capitolo, guidiamo i lettori attraverso processi di autovalutazione e riflessione per aiutarli a identificare queste abilità uniche.

L'uso di strumenti come feedback di pari, analisi dei successi passati e valutazioni delle competenze può illuminare aree di forza che prima potevano sembrare oscure.

Allineare Passioni e Competenze

Una volta identificate le proprie competenze, il passo successivo è esaminare come queste si allineano con le passioni precedentemente scoperte.

Questo allineamento è essenziale per trovare il proprio IKIGAI, poiché combina ciò che amiamo fare con ciò in cui siamo naturalmente bravi.

Esploriamo come questo processo non solo accresce il senso di soddisfazione e realizzazione personale ma può anche aprire opportunità professionali e creative che risuonano profondamente con il nostro essere interiore.

Valorizzare e Coltivare i Talenti

Riconoscere i propri talenti è solo il primo passo; coltivarli e valorizzarli è altrettanto importante.

In questo segmento, discutiamo l'importanza di investire tempo ed energia nello sviluppo delle proprie competenze.

Questo può includere la formazione continua, la pratica deliberata e la ricerca di un mentore o comunità di supporto.

Valorizzare i propri talenti significa anche cercare e creare opportunità per applicarli in modi che arricchiscano non solo la propria vita ma anche quella degli altri.

2.3 Allineare le proprie attività all'IKIGAI

Una volta che abbiamo navigato attraverso le acque delle nostre passioni e mappato le costellazioni delle nostre competenze, il terzo vertice dell'IKIGAI ci invita a esaminare come queste dimensioni si allineano con ciò di cui il mondo ha bisogno.

Questo passaggio non è solo un'esplorazione esterna, ma un richiamo profondo a riflettere sul nostro posto nel mondo e su come possiamo contribuire in modo significativo.

In questo mondo interconnesso, le sfide abbondano sotto molteplici forme - sociali, ambientali, economiche, e oltre.

Ogni individuo possiede un insieme unico di passioni e talenti che può offrire soluzioni creative a queste sfide.

Il punto chiave qui è scoprire come queste offerte personali incontrano le necessità globali, creando un impatto che va oltre il sé.

Identificare Ciò di cui il Mondo Ha Bisogno

Cominciare con un'esplorazione cosciente delle questioni che toccano più da vicino può illuminare dove le nostre capacità possono servire al meglio.

Che si tratti di crisi ambientali, disuguaglianze sociali, carenze educative, o qualsiasi altra sfida globale, c'è sempre spazio per un contributo significativo.

Questo processo può iniziare con la ricerca e l'educazione su queste tematiche, seguito da un'introspezione su come le nostre passioni e competenze possono essere applicate per affrontarle.

Creare Connessioni Significative

La vera magia si verifica quando ciò che amiamo fare e ciò in cui eccelliamo trova un terreno fertile nelle necessità del mondo. Queste connessioni non sono solo gratificanti a livello personale, ma possono anche diventare la base per carriere soddisfacenti, iniziative di volontariato, o persino movimenti sociali.

Questo passaggio richiede creatività e apertura, oltre alla volontà di mettersi in gioco e di rischiare per ciò in cui crediamo.

Ascoltare e Agire

Una componente essenziale di questo processo è l'ascolto - ascoltare le storie, le esigenze, e le speranze delle persone e delle comunità intorno a noi.

Solo attraverso una comprensione empatica possiamo sperare di allineare efficacemente i nostri sforzi con le necessità reali del mondo. Questo può significare partecipare a dialoghi comunitari, collaborare con organizzazioni no-profit, o semplicemente prestare attenzione alle conversazioni globali sui problemi urgenti.

Innovazione e Impatto

Quando allineiamo le nostre passioni e competenze con le necessità del mondo, abbiamo l'opportunità di innovare e di fare la differenza in modi che prima non avevamo immaginato.

Questo può significare sviluppare nuove tecnologie, creare arte che ispira al cambiamento, o implementare programmi educativi che affrontano lacune critiche.

Ogni contributo, non importa quanto piccolo possa sembrare, fa parte di un tessuto più ampio di cambiamento positivo.

Attraverso questo processo di esplorazione, ci rendiamo conto che trovare il proprio IKIGAI non riguarda solo la realizzazione personale, ma anche il contributo a un mondo migliore. Questo allineamento tra le passioni interne e le esigenze esterne crea una sinergia che non solo arricchisce la nostra vita ma amplifica anche il nostro impatto sul mondo che ci circonda

Dopo aver esplorato le passioni, riconosciuto le competenze e identificato le necessità del mondo a cui possiamo rispondere, il quarto pilastro del nostro viaggio IKIGAI ci invita a contemplare la sostenibilità di queste intersezioni attraverso la remunerazione. Questa fase non è soltanto un calcolo materiale, ma un riconoscimento del valore che possiamo creare e della sua risonanza nel tessuto economico in cui viviamo.

La Valutazione del Valore
Il valore che portiamo nel mondo attraverso l'allineamento delle nostre passioni, talenti e le necessità che soddisfiamo non si limita all'impalpabile o al morale.
Ha anche un equivalente tangibile che può e deve essere riconosciuto.

Questo riconoscimento prende forma nella capacità delle nostre passioni e competenze di generare reddito, sostenendo così non solo le nostre aspirazioni ma anche le nostre esistenze quotidiane.

Sostenibilità e Remunerazione

La sostenibilità della nostra IKIGAI non si basa esclusivamente sull'entusiasmo o sull'efficacia con cui rispondiamo alle necessità del mondo, ma anche sulla viabilità economica delle nostre scelte. Questo equilibrio è cruciale: mentre le nostre passioni ci alimentano, la remunerazione garantisce che possiamo continuare a perseguirle senza sacrificare la nostra sicurezza o benessere. Identificare vie attraverso cui le nostre competenze possono essere remunerate richiede creatività, ricerca e talvolta un ripensamento dei modelli di business tradizionali.

Esplorare Opportunità Economiche

In questo contesto, esaminiamo come trasformare passioni e competenze in opportunità economiche. Ciò potrebbe significare avviare una propria attività, cercare ruoli in aziende che rispecchiano i nostri valori IKIGAI, o forse sfruttare piattaforme online per condividere e monetizzare le nostre abilità. La chiave è riconoscere che la remunerazione è una componente essenziale della sostenibilità del nostro percorso IKIGAI, non un afterthought o un compromesso.

Innovazione nel Creare Valore

L'innovazione gioca un ruolo fondamentale nel collegare la nostra offerta unica al mercato.

Ciò richiede non solo di essere aperti a nuove modalità di lavoro e di imprenditorialità ma anche di adottare una mentalità che vede le sfide economiche come opportunità per reinventare e rinnovare.

Questa prospettiva ci permette di esplorare come i nostri contributi unici possono incontrare o creare nuove domande nel mercato, generando così valore in modi precedentemente inimmaginabili.

Remunerazione Come Riconoscimento

Infine, considerare la remunerazione non solo come una necessità ma come un riconoscimento del valore che apportiamo è fondamentale.

Questo approccio ci permette di valutare le nostre offerte non in termini di compromessi ma come una celebrazione dell'impatto che possiamo avere.

La remunerazione diventa, quindi, parte integrante della nostra espressione di IKIGAI, un segnale che ciò che facciamo non solo risuona a livello personale ma è anche valorizzato e necessario nel mondo più ampio.

Attraverso questo esame della remunerazione come pilastro dell'IKIGAI, siamo invitati a considerare non solo come possiamo vivere le nostre passioni ma anche come queste possono sostenere la nostra vita.

Questo equilibrio tra soddisfazione personale e sostenibilità economica ci prepara al passaggio successivo: integrare e armonizzare questi principi nella nostra vita quotidiana, per vivere in pieno il nostro IKIGAI.

2.5 Esercizi pratici per avvicinarsi al proprio IKIGAI

Dopo aver navigato attraverso le acque delle nostre passioni, mappato le stelle delle nostre competenze, riconosciuto le correnti delle necessità del mondo e calibrato le vele della remunerazione, giungiamo a un punto di sintesi cruciale nel nostro viaggio IKIGAI. Questo momento di riflessione e integrazione è fondamentale, poiché ci permette di consolidare le nostre scoperte in un piano d'azione che armonizza le diverse dimensioni del nostro IKIGAI nella vita quotidiana.

L'Armonia tra Passioni, Competenze, Necessità e Remunerazione

La fusione delle nostre passioni, competenze, ciò che il mondo ha bisogno e la possibilità di remunerazione crea un'armonia unica, il vero cuore dell'IKIGAI.

Questa sintesi non è un punto d'arrivo ma un processo continuo di equilibrio e riadattamento.

Come in una sinfonia, dove diversi strumenti si uniscono per creare una melodia coesa, così i vari aspetti del nostro IKIGAI devono essere costantemente accordati per mantenere l'armonia nella nostra vita.

La Costruzione di un Piano d'Azione Personale

Il passo successivo in questo percorso è la costruzione di un piano d'azione personale che tenga conto delle nostre scoperte.

Questo piano non è solo un elenco di obiettivi o un insieme di passi da seguire meccanicamente.

È piuttosto un manifesto vivente che riflette la nostra comprensione profonda del nostro IKIGAI, incorporando i principi di passione, competenza, necessità e remunerazione in ogni aspetto della nostra vita.

Il piano dovrebbe essere flessibile e adattabile, permettendoci di navigare le inevitabili sfide e cambiamenti che incontreremo.

L'Integrazione nell'Esistenza Quotidiana

Integrare l'IKIGAI nella vita quotidiana significa oltrepassare la teoria per abbracciare una pratica vivente.

Ciò richiede di portare consapevolmente le componenti del nostro IKIGAI nelle piccole scelte e azioni di ogni giorno.

Che si tratti di decisioni professionali, di stili di vita, di relazioni o di sviluppo personale, ogni scelta diventa un'opportunità per esprimere e vivere secondo il nostro IKIGAI.

Questo processo di integrazione rende l'IKIGAI non solo una bussola per le grandi decisioni ma anche per i momenti più quotidiani della nostra vita.

Le Sfide dell'Integrazione

Incorporare l'IKIGAI nella nostra vita è una vera e propria sfida.

Sarà necessario affrontare periodi di dubbio, incertezza e forse anche fallimento.

Tuttavia, è proprio attraverso queste prove che l'IKIGAI diventa più forte e più chiaro.

Ogni ostacolo può essere visto come un'opportunità per approfondire la nostra comprensione di ciò che veramente conta per noi e per affinare ulteriormente la nostra direzione.

Un Ponte verso il Futuro

Questo capitolo funge da ponte verso le future esplorazioni del nostro IKIGAI, segnando un momento di transizione da una comprensione teorica a una pratica viva.

Il passo successivo sarà esaminare come la semplicità e il minimalismo, principi fondamentali nella cultura giapponese, possono supportare e arricchire la nostra ricerca dell'IKIGAI.

Attraverso la semplificazione delle nostre vite, possiamo creare lo spazio necessario per coltivare e nutrire i vari aspetti del nostro IKIGAI, permettendoci di vivere con maggiore intenzione e significato.

In conclusione, integrare l'IKIGAI nella nostra vita è un viaggio di trasformazione personale che richiede impegno, introspezione e azione.

Capitolo 3: Semplicità e Minimalismo

Immersi nel profondo studio dell'IKIGAI e della sua applicazione nella vita quotidiana, ci rivolgiamo ora verso la semplicità e il minimalismo, concetti fondamentali nella cultura giapponese che giocano un ruolo cruciale nel sostenere e arricchire la nostra esplorazione dell'IKIGAI.

Questi principi non sono solo strategie per declutterare lo spazio fisico ma anche potenti metafore per la semplificazione della nostra esistenza interna, permettendoci di focalizzarci su ciò che è veramente essenziale.

Semplicità come Filosofia di Vita

La semplicità nella cultura giapponese va oltre la mera riduzione del disordine materiale; è un approccio olistico alla vita che enfatizza l'importanza di essere presenti e consapevoli. Vivere semplicemente significa fare spazio per ciò che conta davvero, eliminando gli eccessi che ci distraggono dal nostro IKIGAI. Attraverso la pratica della semplicità, possiamo scartare le superficialità che appesantiscono le nostre giornate, lasciando spazio all'autentica espressione del sé.

Minimalismo come Mezzo per Scoprire l'IKIGAI

Il minimalismo, strettamente legato alla semplicità, è l'arte di ridurre alla minima espressione.

Non si tratta di privazione, ma di scegliere deliberatamente ciò che aggiunge valore alla nostra vita. In questo contesto, il minimalismo si rivela come un potente strumento per svelare l'IKIGAI, poiché ci costringe a chiederci cosa sia veramente importante.

Questo processo di riflessione aiuta a chiarire i nostri desideri e aspirazioni, facendoci concentrare sulle nostre passioni, competenze, e su come possiamo servire il mondo in maniera significativa.

La Pratica della Semplicità e del Minimalismo

Integrare la semplicità e il minimalismo nella nostra vita richiede pratica e dedizione. Questo può iniziare con l'eliminazione del disordine fisico, ma si estende anche alla riduzione delle complicazioni emotive e mentali. Imparare a dire di no alle richieste e alle opportunità che non allineano con il nostro IKIGAI è un passo fondamentale in questa pratica.

Questo, non solo libera tempo e spazio ma anche energia mentale che può essere reinvestita in attività più significative.

Semplicità e Minimalismo nei Rapporti Interpersonali

La semplicità e il minimalismo si applicano anche alle relazioni interpersonali. Coltivare rapporti che riflettano i nostri valori più autentici e che supportino il nostro IKIGAI può arricchire enormemente la nostra esistenza.

Questo significa talvolta allontanarsi da relazioni superficiali o dannose per dare spazio a connessioni più profonde e significative.

Verso una Vita Focalizzata sull'IKIGAI

Attraverso la semplicità e il minimalismo, possiamo creare una vita che non solo riflette ma celebra il nostro IKIGAI. Questo approccio ci permette di eliminare le distrazioni e di focalizzarci sulle azioni e sulle scelte che risonano con il nostro scopo più profondo. Man mano che procediamo in questo percorso, scopriremo che vivere in modo semplice e minimale non è una restrizione, ma una liberazione, un modo per amplificare la nostra ricerca dell'IKIGAI e per vivere ogni giorno con intenzione e significato.

Incorporare questi principi nella nostra vita ci prepara ad abbracciare appieno il nostro IKIGAI, facilitando una transizione verso pratiche di vita che non solo supportano la nostra felicità e realizzazione personale ma anche il benessere della comunità e dell'ambiente che ci circonda.

3.2 Come il minimalismo può portare a una vita più focalizzata e significativa

Mentre il minimalismo e la semplicità ci aiutano a fare spazio per ciò che è veramente importante, adottare un approccio minimalista nella vita di tutti i giorni è un passo pratico che permette di vivere in armonia con il nostro IKIGAI. Questo approccio non riguarda solo l'ambiente fisico ma si estende a tutte le aree della nostra vita, aiutandoci a focalizzarci su ciò che contribuisce genuinamente alla nostra felicità e realizzazione.

Minimalismo nel Contesto Quotidiano

L'applicazione quotidiana del minimalismo inizia con la considerazione attenta di come spendiamo il nostro tempo, l'energia e le risorse.

Questo comporta una valutazione critica delle nostre abitudini, delle nostre possessioni e delle nostre attività quotidiane, chiedendoci se queste risonano veramente con il nostro IKIGAI. Un ambiente domestico minimalista, ad esempio, non è solo esteticamente piacevole ma può anche ridurre lo stress e migliorare la concentrazione, riflettendo esternamente l'ordine e la chiarezza che cerchiamo internamente.

Scegliere con Intenzione

La scelta intenzionale è al cuore del minimalismo quotidiano.

Ciò significa prendere decisioni consapevoli riguardo a cosa acquistare, cosa tenere nella nostra vita e a quali attività dedicare il nostro tempo.

Ogni decisione è un'opportunità per chiederci se ciò che stiamo considerando aggiunge valore alla nostra vita o ci avvicina al nostro IKIGAI.

Questo processo di selezione ci aiuta a distillare la nostra esistenza alle sue componenti più significative, riducendo gli sprechi e incrementando la nostra qualità di vita.

Minimalismo Digitale

In un'era dominata dalla tecnologia, il minimalismo digitale diventa essenziale per mantenere la chiarezza mentale e lo spazio per ciò che conta davvero.

Questo significa fare scelte consapevoli su come interagiamo con la tecnologia, quali piattaforme usiamo e quanto tempo dedichiamo ai dispositivi digitali.

Limitare le distrazioni digitali può liberare tempo prezioso per le passioni, le relazioni e le attività che alimentano il nostro IKIGAI.

Riduzione dello Stress e Maggiore Concentrazione

Il minimalismo, applicato con coerenza nella vita quotidiana, può portare a una significativa riduzione dello stress. Liberandoci del superfluo, sia materiale che immateriale, ci liberiamo anche del peso mentale che questo comporta. Ciò apre spazio a una maggiore concentrazione sulle attività che sono in linea con il nostro IKIGAI, permettendoci di impegnarci pienamente e con gioia in ciò che facciamo.

Verso la Pratica della Mindfulness e Meditazione

Questo approccio minimalista prepara il terreno per un'immersione più profonda nella mindfulness e nella meditazione, pratiche che rafforzano ulteriormente la nostra capacità di vivere secondo il nostro IKIGAI. Attraverso la mindfulness, possiamo coltivare una presenza attenta e un apprezzamento per il momento presente, mentre la meditazione ci offre strumenti per esplorare e calmare la mente.

Entrambe le pratiche sono complementari al minimalismo, guidandoci verso una vita di maggiore intenzione, pace e soddisfazione.

Adottando un approccio minimalista nella vita di tutti i giorni, non solo facciamo spazio per il nostro IKIGAI ma impariamo anche a vivere con maggiore intenzione e soddisfazione. Questo non solo arricchisce la nostra esperienza personale ma ci permette anche di offrire il meglio di noi al mondo, vivendo in modo autentico e significativo.

Il Ruolo delle Abitudini e Routine Giornaliere nell'IKIGAI

L'integrazione delle abitudini e delle routine quotidiane che rispecchiano e sostengono il nostro IKIGAI è fondamentale per vivere una vita piena di scopo e soddisfazione.

Questo passaggio del viaggio IKIGAI ci porta a esaminare come le azioni che compiamo quotidianamente possono essere allineate con i nostri valori più profondi, trasformando ogni giorno in un'espressione autentica del nostro scopo di vita.

L'adozione di abitudini che riflettono il nostro IKIGAI inizia con una comprensione chiara di quali sono le nostre passioni, le nostre competenze, ciò che il mondo ha bisogno e come possiamo essere remunerati per questo. Questa comprensione ci permette di identificare azioni quotidiane che non solo ci portano gioia e soddisfazione ma contribuiscono anche al nostro benessere complessivo e al benessere di chi ci circonda.

L'Importanza delle Routine Quotidiane

Le routine quotidiane forniscono una struttura e una coerenza che possono aiutarci a navigare la vita con maggiore equilibrio e intenzionalità.

Che si tratti di una routine mattutina che ci prepara mentalmente e fisicamente per la giornata o di pratiche serali che ci permettono di riflettere e rilassarci, queste abitudini possono diventare pietre miliari nella nostra ricerca dell'IKIGAI.

Mentre cerchiamo di allineare le nostre abitudini quotidiane con il nostro IKIGAI, potremmo incontrare sfide come la resistenza al cambiamento, la mancanza di tempo o risorse, o la difficoltà di rompere vecchie abitudini.

Tuttavia, queste sfide possono anche presentarsi come opportunità per crescere e apprendere, spingendoci a trovare soluzioni creative e a rafforzare il nostro impegno verso una vita allineata con il nostro scopo più profondo.

Consapevolezza e Adattabilità

La chiave per mantenere abitudini e routine allineate con il nostro IKIGAI risiede nella consapevolezza e nell'adattabilità.

Essere consapevoli ci permette di riconoscere quando le nostre abitudini non servono più il nostro scopo e di adattarle di conseguenza. Questa flessibilità nel modellare le nostre azioni quotidiane in base alle nostre esigenze e obiettivi attuali è essenziale per vivere.

Adottando e adattando abitudini e routine che riflettono il nostro IKIGAI, facciamo ogni giorno un passo verso la realizzazione del nostro scopo di vita.

Questo processo di allineamento delle nostre azioni quotidiane con i nostri valori più profondi non solo arricchisce la nostra vita ma contribuisce anche a creare un impatto positivo sul mondo che ci circonda, permettendoci di vivere con intenzione e significato ogni giorno.

Nel cuore della filosofia IKIGAI vi è il principio che la semplicità può essere fonte di profonda felicità.

La Semplicità nelle Decisioni di Carriera
Matteo, un ragazzo che ho conosciuto in una piccola città italiana è un esempio di come a volte rinunciare a qualcosa per qualcosa di più importante possa essere la chiave.
Lui fa l'artista, scrive e compone musica e vorrebbe farne un lavoro da quando è giovane, mi racconto che prima non aveva la possibilità di sfondare perché per problemi economici non poteva lavorare con gli

strumenti e l'attrezzatura adeguata, così inizio a lavorare in una grande azienda dove, ben retribuito riuscì a organizzare uno studio musicale dove lavorare in casa sua.

Durante una delle nostre ultime chiacchierate mi disse che aveva mollato quel lavoro, nonostante fosse un posto sicuro per la vita per andare a svolgere un part-time, perché aveva capito che l'unico modo per ricongiungersi con il suo IKIGAI era dedicarsi completamente alla sua passione.

Il Ritorno alla Terra: La Storia di Emiko

Emiko, un tempo dirigente in una frenetica metropoli, scoprì il suo IKIGAI nel ritorno alla terra. Dopo anni di stress e insoddisfazione, decise di abbandonare la sua vita urbana per avviare un piccolo orto biologico nella prefettura rurale di Miyazaki. Attraverso il giardinaggio, Emiko trovò non solo pace e contentezza ma anche una profonda connessione con il ciclo naturale della vita, che riecheggiava con la sua ricerca di semplicità e autenticità.

La sua storia ispira molti a considerare come il ritorno alle radici naturali possa offrire non solo un rifugio dalla vita moderna ma anche un percorso chiaro verso l'IKIGAI.

Minimalismo Urbano: La Trasformazione di Takeshi

Takeshi, un architetto di Tokyo, scoprì come il minimalismo potesse liberare spazio non solo nella sua casa ma anche nella sua mente e nel suo cuore.

Riducendo i suoi possedimenti e focalizzandosi su ciò che realmente gli apportava valore e gioia, Takeshi riuscì a ridisegnare la sua vita attorno alle sue vere passioni: l'arte e la comunità. La sua decisione di vivere con meno ha ispirato molti dei suoi clienti e amici a esplorare il minimalismo come strumento per scoprire il proprio IKIGAI.

Cambio di Carriera: Il Coraggio di Ayaka

Ayaka lavorava in un'azienda di alta moda, circondata da lusso e esuberanza.

Tuttavia, la sua vita cambiò quando decise di seguire un approccio più semplice, focalizzandosi sulla sostenibilità.

Lasciò il suo lavoro per avviare una piccola impresa che produceva abiti da materiali riciclati.

Questa scelta non solo le permise di allineare le sue pratiche lavorative con i suoi valori ma anche di vivere una vita più congruente con il suo IKIGAI, trovando soddisfazione nell'aiutare gli altri a fare scelte di moda più consapevoli.

Semplicità nelle Relazioni: La Storia di Kenji e Hiroko

Kenji e Hiroko decisero di eliminare le distrazioni tecnologiche dalle loro vite per dedicare più tempo di qualità l'uno all'altro. Questa semplicità nelle loro interazioni quotidiane rafforzò la loro relazione, permettendogli di concentrarsi maggiormente sui momenti condivisi e meno sulle pressioni esterne.

La loro storia evidenzia come la semplicità possa migliorare non solo la nostra autocomprensione ma anche le nostre relazioni con gli altri.

Queste storie dimostrano che, anche in un mondo che spesso premia il "più è meglio", ci sono innumerevoli modi per trovare il proprio IKIGAI adottando principi di vita più semplici. La semplicità non è solo un'abitudine ma una filosofia che può liberarci, permettendoci di vivere con intento e scoprire ciò che veramente conta. Le narrazioni di Matteo, Emiko, Takeshi, Ayaka, Kenji e Hiroko servono come potenti promemoria che, talvolta, per trovare la nostra vera felicità e scopo, dobbiamo fare un passo indietro dalle complicazioni della vita moderna e abbracciare la semplicità.

3.5 Esercizi per decluttering mentale e fisico

Nel nostro viaggio alla scoperta dell'IKIGAI, ci immergiamo ora nel mondo delle pratiche e delle azioni quotidiane che si rivelano essere piccoli ma significativi esercizi di felicità. Questi esercizi sono atti semplici e intenzionali che, se eseguiti regolarmente, possono aiutarci a coltivare e a mantenere una connessione con il nostro IKIGAI, influenzando positivamente la qualità della nostra vita quotidiana.

Esercizi di Gratitudine Quotidiana

Iniziare o terminare ogni giorno con l'esercizio della gratitudine è un modo potente per riconoscere e apprezzare le gioie semplici della vita. Scrivere tre cose per cui siamo grati ogni giorno può trasformare la nostra visione del mondo, spostando l'attenzione dalle nostre preoccupazioni a ciò che funziona bene nella nostra vita, amplificando così i sentimenti di contentezza e benessere.

Pratiche di Presenza Conscia

L'atto di mangiare in silenzio e consapevolezza, assaporando ogni boccone e riflettendo sulla provenienza del cibo, può essere un esercizio quotidiano di semplicità che porta felicità. Questo esercizio ci aiuta a stabilire un rapporto più profondo e significativo con il nutrimento che riceviamo, rafforzando la nostra connessione con la natura e con le persone che hanno contribuito al pasto che ci apprestiamo a consumare.

Connessione con la Natura

Dedicare tempo per stare all'aria aperta ogni giorno, sia che si tratti di un breve momento sotto il sole o di una passeggiata nel verde, è un esercizio vitale.

Questo semplice atto ci consente di rigenerare la mente, di riempire i polmoni d'aria fresca e di ristabilire un legame con l'ambiente naturale, rinfrescando il nostro spirito e incoraggiando sentimenti di serenità e appartenenza.

Esplorazione Creativa

Destinare un momento della giornata alla creatività, che si esprima nel disegno, nella scrittura, nella musica o in altre forme artistiche, è un esercizio di semplicità che può portare grande gioia. Questa pratica non richiede la perfezione ma celebra il processo di creazione, permettendoci di esprimere noi stessi in maniere che superano le parole e che toccano il cuore del nostro essere.

Esercizi di Disconnessione Digitale

Stabilire periodi di disconnessione digitale, in cui ci si distacca volontariamente dai dispositivi elettronici, può aprire spazi di quiete nella nostra giornata. Questi momenti di disconnessione ci permettono di riposare dalla costante stimolazione della tecnologia e di di ancorarci alle esperienze immediate del mondo reale, rafforzando la nostra salute mentale e fisica.

Attraverso questi esercizi di semplicità quotidiana, possiamo costruire una vita che rifletta e sostenga il nostro IKIGAI.

Capitolo 4: La Meditazione e la Mindfulness

Nel tessuto del nostro IKIGAI, la meditazione emerge come un filo prezioso che ci connette a una comprensione più profonda di noi stessi e del nostro posto nel mondo. Nella tradizione giapponese, la meditazione non è vista semplicemente come una pratica sedentaria ma come uno stato di essere che permea tutte le attività della vita, una presenza mentale che si estende oltre il tempo trascorso su un cuscino di meditazione.

La Meditazione Zen e la sua Risonanza con l'IKIGAI

La meditazione Zen, in particolare, con le sue radici profondamente piantate nella cultura giapponese, invita a una pratica di quiete e di concentrazione. Questa forma di meditazione incoraggia l'individuo a sedere con una presenza piena, osservando i pensieri e le sensazioni che fluiscono senza attaccamento o giudizio. Questa attitudine di osservazione e accettazione permette una maggiore consapevolezza dei modelli mentali e una maggiore capacità di vivere in armonia con il proprio IKIGAI.

Introduzione alla Meditazione Zen

Per chi si avvicina per la prima volta alla meditazione Zen, il processo inizia con la comprensione dei suoi principi fondamentali: la seduta in silenzio, la postura corretta, il focus sul respiro e l'apertura alla propria natura intrinseca. Questa pratica può sembrare semplice in superficie, ma richiede dedizione e pazienza per essere svelata nella sua profondità.

La Pratica della Seduta Silenziosa

La seduta silenziosa, o Zazen, è l'atto di sedersi in meditazione con l'intenzione di essere completamente presenti. Durante Zazen, i meditatori spesso si concentrano sul loro respiro, contando le respirazioni o semplicemente osservandole. Questo punto di concentrazione serve come un ancoraggio, che riporta dolcemente la mente al momento presente ogni volta che essa si perde in pensieri o distrazioni.

Il Respiro come Collegamento con l'IKIGAI

Nella meditazione Zen, il respiro è molto più di un mezzo per calmare la mente; è un simbolo del flusso incessante della vita, una metafora della nostra connessione con l'universo e con il nostro IKIGAI. Attraverso la consapevolezza del respiro, ci alleniamo a vivere con piena attenzione e presenza, fondamentali per allineare le nostre azioni quotidiane con il nostro scopo più profondo.

Benefici della Meditazione sull'IKIGAI

La pratica regolare della meditazione Zen può avere un impatto significativo sull'IKIGAI di un individuo. Portando una maggiore serenità e chiarezza mentale, facilita l'identificazione delle nostre passioni e talenti e aiuta a gestire le sfide e gli stress della vita quotidiana. La calma e la concentrazione sviluppate in meditazione possono poi essere portate nelle attività quotidiane, permettendo di vivere ogni momento con maggiore consapevolezza e intenzione.

Incorporare la meditazione Zen nella propria vita è un passo significativo nel vivere il proprio IKIGAI. Con la sua enfasi sulla presenza, sulla consapevolezza e sull'accettazione, la meditazione non solo arricchisce la pratica personale ma influisce anche sulla nostra interazione con il mondo esterno, permettendoci di affrontare ogni giorno con calma, concentrazione e chiarezza. E mentre ci prepariamo a esplorare ulteriormente le tecniche base di meditazione e mindfulness nel prossimo punto, portiamo con noi la pace e la serenità sviluppate attraverso la pratica della meditazione Zen, integrandole in ogni aspetto della nostra vita.

Approfondiamo dunque l'argomento, con un'introduzione alle tecniche base di meditazione e mindfulness, ponendo le fondamenta per un'esistenza centrata e allineata con l'IKIGAI personale.

L'Arte del Respiro nella Meditazione
La meditazione inizia con il respiro, il filo invisibile che unisce il corpo alla mente.

La pratica di concentrarsi sul proprio respiro è un esercizio di radicamento nel presente. Ascoltando l'ascesa e la discesa del petto, il flusso dell'aria attraverso le narici, si crea uno spazio per la mente di riposarsi dalle incessanti onde dei pensieri.

Questo ritmo naturale diventa un rifugio di quiete, un ritorno all'essenziale che risona con la ricerca del nostro IKIGAI.

La Presenza nel Corpo

Lo scan corporeo è un'altra pratica basilare che favorisce l'integrazione tra mente e corpo. Passando consapevolmente l'attenzione attraverso ogni parte del corpo, ci si concede di rilasciare tensioni e di approfondire la consapevolezza del sé.

È un'esplorazione che spesso rivela quanto il corpo sia un diario vivente dei nostri vissuti, che ci collega profondamente al nostro IKIGAI attraverso la fisicità della nostra esistenza.

Visualizzazione Guidata

La visualizzazione guidata è una tecnica meditativa che impiega la potenza dell'immaginazione per evocare luoghi, immagini o esperienze che promuovono rilassamento e benessere. Questa pratica non solo stimola i sensi interiori ma anche allinea la nostra visione con gli obiettivi e i valori che costituiscono il nostro IKIGAI, fungendo da bussola interna che orienta verso stati di pace e scopo.

Concentrazione e Mindfulness

La meditazione può anche essere focalizzata, dove l'attenzione viene diretta su un oggetto esterno o un pensiero specifico, concentrando la mente e allontanando le distrazioni. La mindfulness, d'altro canto, è l'arte di mantenere un'attenzione fluida, accogliendo ogni esperienza senza giudizio. È un allenamento per essere pienamente presenti in ogni attività, ogni conversazione, ogni momento di quiete, vivendo in modo pieno il nostro IKIGAI.

La Meditazione come Pratica Quotidiana

Incorporare la meditazione come pratica quotidiana significa trovare momenti nell'arco della giornata per riconnettersi con se stessi. Questo può essere fatto attraverso brevi pause meditative, sessioni più lunghe dedicate o anche praticando la mindfulness durante compiti quotidiani come il lavaggio delle mani o l'ascolto della natura. Ogni atto di presenza diventa un atto di meditazione, un ritorno al nucleo dell'IKIGAI personale.

Queste tecniche di meditazione e mindfulness sono più di semplici esercizi; sono il veicolo attraverso cui possiamo sperimentare e riconnetterci continuamente con il nostro IKIGAI. Attraverso la pratica regolare, ci avviciniamo a una vita vissuta con autentica presenza e scopo, trovando gioia e soddisfazione nelle profondità del nostro essere interiore.

4.3 Come integrare la meditazione nella routine quotidiana

Vediamo ora come le pratiche della mindfulness e della meditazione siano strumenti per rafforzare la consapevolezza e la presenza nella vita quotidiana, elementi chiave per vivere in armonia con il proprio IKIGAI. Questa sezione del libro mira a esplorare come l'applicazione quotidiana della mindfulness possa trasformare non solo la percezione del sé e del mondo circostante ma anche come possiamo interagire e rispondere alle varie situazioni della vita.

L'Essenza della Mindfulness

La mindfulness, o consapevolezza piena, è l'arte di vivere nel momento presente con piena attenzione e accettazione.

È una pratica che ci insegna a osservare i nostri pensieri, emozioni e sensazioni senza giudizio, accogliendoli come parte dell'esperienza umana.

Questa consapevolezza arricchisce la nostra capacità di percepire la bellezza nelle piccole cose, migliorando la nostra connessione con il momento attuale e, di conseguenza, con il nostro IKIGAI.

Praticare la Mindfulness nella Vita Quotidiana

La pratica della mindfulness non è limitata ai momenti di meditazione formale; può essere integrata in ogni aspetto della nostra vita. Dall'atto di ascoltare attentamente una persona cara, all'osservazione delle sfumature di un tramonto, ogni momento può diventare un'opportunità per praticare la mindfulness. Questi atti di presenza arricchiscono la nostra esperienza di vita, consentendoci di trovare gioia e significato nelle routine quotidiane.

Mindfulness e Gestione dello Stress
Una delle più grandi sfide della vita moderna è la gestione dello stress.

La mindfulness ci offre uno strumento potente per affrontare questa sfida, permettendoci di osservare i nostri schemi di pensiero e reazioni emotive con distacco e comprensione.

Attraverso la pratica regolare della mindfulness, possiamo imparare a rispondere agli stimoli esterni con calma e equilibrio, riducendo l'impatto dello stress sulla nostra vita e avvicinandoci al nostro IKIGAI.

L'Impatto della Mindfulness sulle Relazioni
La mindfulness trasforma anche il modo in cui interagiamo con gli altri. Praticando la presenza attenta nelle nostre relazioni, possiamo ascoltare più profondamente, comprendere meglio e comunicare con

maggiore empatia. Questa qualità di presenza arricchisce le nostre connessioni umane, rendendole più autentiche e significative, e rafforzando così il tessuto sociale del nostro IKIGAI.

Coltivare la Gratitudine Attraverso la Mindfulness

Infine, la mindfulness ci insegna a coltivare la gratitudine, riconoscendo e apprezzando ciò che abbiamo nel qui e ora.

Questo senso di gratitudine non solo migliora il nostro benessere emotivo ma ci aiuta anche a mantenere una prospettiva positiva sulla vita, riconoscendo le infinite possibilità che ogni giorno offre per vivere in accordo con il nostro IKIGAI.

Attraverso l'approfondimento delle pratiche di mindfulness e meditazione, possiamo sviluppare una maggiore consapevolezza di noi stessi e del mondo che ci circonda, aprendo la via a una vita più ricca di significato, soddisfazione e felicità. Questa consapevolezza, coltivata giorno dopo giorno, diventa la lente attraverso cui possiamo vedere più chiaramente il nostro IKIGAI, guidandoci verso una vita vissuta con autentico scopo e gioia

Nel cuore della nostra esplorazione dell'IKIGAI e della sua manifestazione nella vita quotidiana, ci dedichiamo ora all'importanza delle abitudini e delle routine che nutrono corpo, mente e spirito. Queste pratiche quotidiane, se attentamente scelte e mantenute, possono diventare i pilastri su cui costruire una vita all'insegna dell'equilibrio, del benessere e della felicità, in perfetta sintonia con il nostro IKIGAI.

Sviluppare Abitudini Positive

La creazione di abitudini positive inizia con la consapevolezza delle piccole azioni che eseguiamo ogni giorno e del loro impatto cumulativo sulla nostra vita. Sia che si tratti di dedicare tempo alla lettura, all'esercizio fisico, alla meditazione, o al semplice atto di bere acqua regolarmente, ciascuna di queste abitudini contribuisce a costruire una fondazione solida per il nostro benessere. La chiave è la coerenza e l'impegno a praticare queste abitudini quotidianamente, trasformando azioni positive in parti integranti della nostra routine.

L'Alimentazione come Atto di Cura

Una componente cruciale delle abitudini positive riguarda la nostra alimentazione. Vedere il cibo non solo come nutrimento ma come un'opportunità per prendersi cura di sé è fondamentale. Scegliere alimenti che siano sia salutari che piacevoli, e dedicare tempo alla preparazione dei pasti, può trasformare l'atto del mangiare in un rituale di gratitudine e apprezzamento per la vita, riecheggiando i principi dell'IKIGAI che ci invitano a cercare gioia e significato nelle azioni quotidiane.

Il Movimento Fisico come Meditazione in Azione

Incorporare l'esercizio fisico nella nostra routine quotidiana è un altro aspetto essenziale per mantenere l'equilibrio tra mente e corpo. Il movimento non deve necessariamente essere intenso o prolungato; anche brevi passeggiate, stretching mattutino o pratiche di yoga possono aumentare significativamente il nostro benessere fisico ed emotivo. Vedere queste pratiche come forme di meditazione in azione ci permette di rimanere ancorati nel presente, vivendo appieno ogni momento.

Tempo per il Riposo e il Recupero

Riconoscere l'importanza del riposo e del recupero è fondamentale per mantenere un equilibrio vitale. Creare abitudini che favoriscano un sonno di qualità, come disconnettersi dagli schermi prima di coricarsi o creare una routine serale rilassante, è essenziale per rigenerare corpo e mente. Il riposo adeguato ci permette di affrontare ogni nuovo giorno con energia rinnovata e una chiara connessione con il nostro IKIGAI.

Riflessione e Crescita Personale

Infine, dedicare tempo alla riflessione personale, sia attraverso la scrittura di un diario, la meditazione o momenti di quiete, ci aiuta a rimanere in contatto con i nostri sentimenti più profondi, le nostre aspirazioni e i nostri progressi nel cammino verso l'IKIGAI. Questi momenti di introspezione sono cruciali per valutare ciò che funziona nella nostra vita, ciò che necessita di aggiustamenti e per celebrare i piccoli successi lungo il percorso.

Incorporando queste abitudini e routine nella nostra vita, ci avviciniamo ogni giorno di più alla realizzazione del nostro IKIGAI. Ogni scelta consapevole, ogni abitudine coltivata con cura, contribuisce a tessere il ricco tessuto di una vita vissuta con scopo e significato, alimentando la nostra gioia interiore e il nostro benessere complessivo.

4.5 Esercizi per iniziare con la meditazione e la mindfulness

Affrontare e superare gli ostacoli interni ed esterni che si frappongono tra noi e il nostro IKIGAI è cruciale per vivere una vita piena e significativa, poiché ogni sfida superata non solo ci avvicina al nostro scopo di vita ma contribuisce anche alla nostra crescita personale.

Identificare e Affrontare gli Ostacoli Interni

La nostra mente può essere il nostro più grande alleato o il nostro più grande ostacolo. Ostacoli interni come dubbi, insicurezze e paure possono intralciare il nostro cammino verso l'IKIGAI.

Riconoscere queste barriere mentali è il primo passo per superarle.

Tecniche di auto-riflessione, meditazione e journaling possono aiutarci a identificare queste insidie interne, permettendoci di affrontarle con consapevolezza e determinazione.

Superare le Barriere Esterne

Al di là degli ostacoli interni, ci sono spesso barriere esterne che possono sembrare insormontabili: dalla mancanza di risorse alla resistenza sociale, dagli impegni familiari alle restrizioni fisiche. Superare questi ostacoli esterni richiede creatività, flessibilità e, talvolta, il coraggio di chiedere aiuto. Stabilire una rete di supporto, sia attraverso amicizie che mentori, può fornire la forza e le risorse necessarie per navigare queste sfide.

La Forza della Resilienza

La resilienza è la capacità di rimbalzare di fronte alle avversità, e il suo sviluppo è fondamentale nel processo di superamento degli ostacoli.

Attraverso la pratica della gratitudine, l'accettazione e la perseveranza, possiamo coltivare una resilienza che non solo ci permette di affrontare le sfide correnti ma ci prepara anche a gestire meglio le difficoltà future. La resilienza, in questo senso, diventa una componente integrante del vivere in armonia con il nostro IKIGAI.

L'Apprendimento Continuo

Ogni ostacolo superato è un'opportunità di apprendimento. Guardando alle sfide come a lezioni, possiamo trasformare le esperienze negative in preziose conoscenze che arricchiscono il nostro percorso verso l'IKIGAI. Questo approccio all'apprendimento continuo non solo ci rende più saggi e capaci ma amplia anche la nostra comprensione di ciò che è possibile, spingendoci a esplorare nuove vie verso la realizzazione personale.

L'Adattabilità come Chiave del Successo

L'adattabilità, la capacità di modificare i nostri piani e obiettivi in risposta ai cambiamenti delle circostanze, è essenziale per superare gli ostacoli. Essere flessibili nei nostri metodi pur rimanendo fedeli ai nostri principi e al nostro IKIGAI ci permette di navigare il paesaggio in continua evoluzione della vita con grazia e efficacia. Questa adattabilità, combinata con una visione chiara del nostro scopo, ci guida attraverso le tempeste verso acque più tranquille.

Il superamento degli ostacoli, quindi, non è solo un prerequisito per vivere il nostro IKIGAI ma è anche parte integrante del processo di scoperta e realizzazione di sé. Ogni sfida superata ci avvicina un passo in più alla vita che desideriamo vivere, una vita ricca di significato, soddisfazione e felicità. Procedendo nel nostro viaggio, ci prepariamo ad accogliere le lezioni che ogni nuovo ostacolo ha da offrirci, arricchendo così ulteriormente la nostra comprensione e la nostra pratica dell'IKIGAI.

Capitolo 5: Abitudini e Routine Giornaliere

Avanzando nel nostro viaggio per scoprire e vivere appieno il nostro IKIGAI, ci soffermiamo ora sul concetto di "Costruire e mantenere relazioni significative", un aspetto vitale della nostra esistenza che risona profondamente con la ricerca della felicità e del benessere. Questa sezione del libro esplora come le relazioni influenzano il nostro percorso verso l'IKIGAI e come possiamo coltivare connessioni autentiche che arricchiscono la nostra vita.

L'Importanza delle Relazioni nell'IKIGAI

Le relazioni umane sono al centro della nostra ricerca del significato e della gioia. Essere circondati da persone che condividono e supportano i nostri valori, passioni e aspirazioni può notevolmente amplificare la nostra capacità di vivere secondo il nostro IKIGAI. Queste connessioni non solo ci offrono supporto e compagnia ma ci stimolano anche a crescere, sfidare noi stessi e esplorare nuove prospettive.

Costruire Relazioni Autentiche

La costruzione di relazioni autentiche richiede apertura, vulnerabilità e impegno. Mostrarsi autentici e aperti può essere sfidante ma è fondamentale per creare legami profondi. Questo processo inizia con l'ascolto attivo, la condivisione delle proprie esperienze e sentimenti in modo sincero e l'accettazione degli altri così come sono. Le relazioni significative si fondano su una comunicazione onesta e un reciproco scambio di valore e rispetto.

Mantenere le Relazioni nel Tempo

Mantenere relazioni significative nel tempo richiede uno sforzo costante e deliberato. La vita può portarci in direzioni diverse, ma trovare il tempo per coltivare e nutrire queste connessioni è cruciale. Ciò può significare stabilire routine regolari per il check-in, celebrare i successi altrui e offrire supporto nei momenti difficili. Le relazioni durature si costruiscono su una base di fiducia, comprensione e dedizione reciproca.

L'Impatto delle Relazioni sull'IKIGAI

Le relazioni significative hanno un profondo impatto sul nostro IKIGAI, arricchendo la nostra vita con esperienze condivise, apprendimenti e amore. Queste connessioni ci ricordano che, anche nel perseguimento del nostro scopo personale, non siamo soli. Le relazioni offrono una rete di supporto emotivo, intellettuale e, a volte, fisico, che ci permette di affrontare le sfide con maggiore forza e di celebrare i successi con maggiore gioia.

Verso una Comunità di IKIGAI

Coltivando relazioni significative, contribuiamo alla creazione di una comunità basata sull'IKIGAI, dove ogni individuo è valorizzato per il suo unico contributo
e dove l'appoggio reciproco favorisce il benessere collettivo. Questa comunità diventa un ecosistema in cui l'IKIGAI di ciascuno può fiorire, sostenuto da legami forti e significativi.

Le relazioni sono tessere fondamentali nel mosaico dell'IKIGAI. Costruendole e mantenendole con cura, apriamo la porta a una vita di maggiore comprensione, appagamento e felicità. Questi legami ci ispirano a perseguire i nostri sogni con coraggio, sapendo che abbiamo una rete di sostegno che celebra con noi ogni passo del viaggio.

Questa sezione esplora come la comunità (il tessuto di relazioni e interazioni che ci circonda) svolge un ruolo cruciale nel modellare, sostenere e arricchire il nostro percorso verso la realizzazione personale e collettiva.

Il Ruolo della Comunità nell'IKIGAI

La comunità è il terreno fertile in cui l'IKIGAI di ciascuno può crescere e prosperare. Non si tratta solo di un insieme di individui ma di una rete dinamica di supporto, ispirazione e condivisione di valori. La comunità fornisce un contesto in cui possiamo esplorare le nostre passioni, mettere in pratica le nostre competenze, e contribuire in modo significativo, ricevendo in cambio sostegno e riconoscimento.

Costruire Comunità Intorno all'IKIGAI

La creazione di comunità intorno al nostro IKIGAI inizia con la ricerca di persone che condividono interessi, valori o aspirazioni simili. Questo può avvenire in vari contesti, dagli spazi di lavoro collaborativo alle associazioni di volontariato, dai club di lettura ai gruppi di meditazione. Partecipare attivamente a queste comunità ci permette non solo di nutrire il nostro IKIGAI ma anche di contribuire allo sviluppo e al benessere degli altri membri della comunità.

Il Potere del Sostegno Reciproco

All'interno della comunità, il sostegno reciproco funge da catalizzatore per la crescita personale e collettiva. L'incoraggiamento, il feedback e la collaborazione tra i membri della comunità creano un ambiente in cui è possibile sperimentare, imparare e superare insieme le sfide. Questo sostegno reciproco non solo rafforza i legami all'interno della comunità ma amplifica anche la capacità di ciascuno di perseguire e realizzare il proprio IKIGAI.

La Comunità Come Specchio

La comunità agisce anche come uno specchio che riflette le nostre aspirazioni, i nostri successi e le nostre sfide, offrendoci preziose intuizioni su noi stessi e sul nostro percorso. Attraverso le interazioni con gli altri, possiamo ricevere feedback onesti e costruttivi che ci aiutano a raffinare la nostra visione e a rimanere allineati con il nostro IKIGAI. Questo processo di riflessione reciproca è essenziale per mantenere una chiara direzione e per adattarsi dinamicamente ai cambiamenti della vita.

L'IKIGAI e l'Impatto Sociale

Infine, vivere il proprio IKIGAI all'interno di una comunità porta con sé la possibilità di un impatto sociale positivo. Attraverso le nostre azioni, contributi e interazioni, possiamo influenzare positivamente la comunità, promuovendo valori di collaborazione, empatia e crescita condivisa. Questo non solo arricchisce il tessuto sociale ma consolida anche il senso di appartenenza e scopo di ciascun individuo all'interno della comunità.

La comunità, quindi, non è solo il contesto in cui viviamo ma un elemento attivo e vitale nel nostro viaggio verso l'IKIGAI. Attraverso la costruzione e il mantenimento di relazioni significative all'interno della comunità, possiamo trovare sostegno, ispirazione e opportunità per vivere pienamente il nostro IKIGAI, contribuendo al contempo al benessere collettivo e alla realizzazione di una società più connessa e significativa.

5.3 Case study: routine di successo ispirate all'IKIGAI

A questo punto del nostro viaggio all'interno del mondo dell'IKIGAI andiamo ad esplorare l'essenziale tema della "Connessione con la Natura". In questa sezione, ci immergiamo nella profonda interdipendenza tra il nostro benessere e il nostro rapporto con l'ambiente naturale, evidenziando come il rinnovamento della nostra connessione con la natura possa essere una fonte inesauribile di gioia, ispirazione e, in ultima analisi, una via verso il realizzare il nostro IKIGAI.

La Natura come Rifugio

La natura offre un rifugio dal trambusto della vita moderna, un luogo dove possiamo ritrovare la pace interiore e riconnetterci con aspetti essenziali della nostra esistenza che la frenesia quotidiana tende a oscurare. Trascorrere tempo nella natura — che sia una passeggiata nel bosco, il giardinaggio o semplicemente l'osservazione delle nuvole — ci permette di rallentare, respirare e ricaricare il nostro spirito. Questi momenti di connessione profonda rafforzano il nostro senso di appartenenza al mondo, radicandoci fermamente nel presente e alimentando il nostro IKIGAI.

La Natura come Insegnante

La natura è anche un'insegnante potente, le cui lezioni si manifestano attraverso i cicli delle stagioni, la resilienza di una pianta che fiorisce in condizioni avverse, o la semplice ma profonda interazione tra le varie specie. Queste osservazioni ci insegnano l'importanza dell'adattabilità, della perseveranza e dell'equilibrio: principi che possono guidarci nel nostro percorso di vita e nell'allineamento con il nostro IKIGAI.

Pratiche di Connessione con la Natura

La connessione con la natura può essere coltivata attraverso pratiche intenzionali che si integrano facilmente nella vita quotidiana. Dedicare tempo alla cura delle piante in casa, impegnarsi in escursioni regolari, praticare la meditazione all'aperto o semplicemente imparare a osservare e apprezzare la vita selvatica locale sono modi attraverso cui possiamo rafforzare il nostro legame con l'ambiente naturale.

La Natura come Fonte di Ispirazione

Per molte persone, la natura è una fonte inesauribile di ispirazione. L'infinita varietà di forme, colori e suoni stimola la creatività, alimenta la curiosità e invita alla riflessione. Che si tratti di scrivere, dipingere, comporre musica o trovare soluzioni innovative ai problemi, la natura offre un serbatoio di idee e concetti che possono ispirare e arricchire il nostro lavoro e il nostro IKIGAI.

La Natura e la Responsabilità Condivisa

Riconnettersi con la natura significa anche riconoscere la nostra responsabilità nel suo mantenimento e protezione. Questa consapevolezza di custodia può diventare parte integrante del nostro IKIGAI, guidando le nostre scelte quotidiane verso pratiche più sostenibili e rispettose dell'ambiente. Agendo con consapevolezza ecologica, contribuiamo alla salute del pianeta che, a sua volta, sostiene la nostra esistenza e quella delle generazioni future.

Riscoprire e approfondire la nostra connessione con la natura è quindi un passo fondamentale nel cammino verso la realizzazione del nostro IKIGAI. La natura non solo ci offre rifugio, ispirazione e insegnamento ma ci ricorda anche del nostro posto nel mondo e della nostra interdipendenza con tutte le forme di vita. Coltivando una relazione profonda e rispettosa con l'ambiente naturale, possiamo vivere una vita più ricca e significativa, in armonia con noi stessi, con gli altri e con il pianeta.

L'Apprendimento Continuo come Pilastro dell'IKIGAI

L'apprendimento continuo è fondamentale per la crescita personale e professionale.

Non si limita all'acquisizione di nuove informazioni o competenze; è un processo di trasformazione che tocca ogni aspetto della nostra esistenza. Questo processo di apprendimento costante ci permette di rimanere curiosi, aperti e flessibili, pronti ad adattarci e a prosperare in un mondo in costante evoluzione.

Attraverso l'apprendimento, esploriamo nuovi orizzonti, sfidiamo le nostre convinzioni e superiamo i nostri limiti, avvicinandoci sempre di più alla realizzazione del nostro IKIGAI.

L'apprendimento continuo ci invita a esplorare campi di interesse che vanno oltre le nostre competenze attuali o le aree di comfort.

Questa esplorazione può rivelare passioni inaspettate e talenti nascosti, arricchendo il nostro percorso verso l'IKIGAI.

Che si tratti di imparare una nuova lingua, di approfondire la conoscenza di un'arte o di studiare una disciplina scientifica, ogni nuova competenza acquisita amplia il nostro orizzonte personale e professionale, offrendoci nuove prospettive e possibilità.

L'Importanza del Feedback

L'apprendimento è un processo bidirezionale che si nutre di feedback. Ricevere e riflettere sul feedback, sia esso positivo o costruttivo, è essenziale per il nostro sviluppo.

Ci permette di vedere dove stiamo progredendo e dove necessitiamo di ulteriore miglioramento, guidandoci nel nostro viaggio di crescita personale.

Questo processo di valutazione e adeguamento ci aiuta a rimanere allineati con il nostro IKIGAI, garantendo che le nostre azioni e scelte siano in armonia con i nostri valori e obiettivi più profondi.

Apprendimento e Condivisione

L'apprendimento continuo non riguarda solo l'assorbire conoscenza; è anche sulla condivisione di quella conoscenza con gli altri. Insegnare o semplicemente condividere le nostre scoperte con la comunità non solo rafforza il nostro processo di apprendimento ma contribuisce anche al benessere collettivo. Questo scambio di sapere crea un circolo virtuoso di crescita e ispirazione all'interno della nostra rete, rafforzando i legami con coloro che condividono il nostro cammino verso l'IKIGAI.

Apprendimento come Stile di Vita

Adottare l'apprendimento continuo come stile di vita significa riconoscere che la crescita personale è un viaggio senza fine. Ciò richiede dedizione, curiosità e, soprattutto, umiltà—l'accettazione che, non importa quanto possiamo sapere o quanto possiamo essere competenti in un'area, c'è sempre spazio per imparare e migliorare. Questo atteggiamento di apprendimento aperto ed eterno ci permette di rimanere agili, innovativi e profondamente connessi con il nostro IKIGAI.

Attraverso l'apprendimento continuo, non solo espandiamo la nostra conoscenza e le nostre abilità ma anche approfondiamo la nostra comprensione di noi stessi e del mondo intorno a noi. Questo processo di scoperta e crescita incessante è essenziale per vivere una vita allineata con il nostro IKIGAI, permettendoci di navigare le sfide della vita con grazia, resilienza e un senso di scopo ineguagliabile.

Proseguendo nel nostro viaggio all'interno dell'universo dell'IKIGAI, vediamo come "L'Arte di Bilanciare Impegno e Relax" sia un aspetto cruciale per chiunque aspiri a vivere una vita piena e in armonia con il proprio IKIGAI.

La Necessità dell'Equilibrio
L'equilibrio tra impegno e relax è fondamentale.
Vivere una vita inclinata eccessivamente verso il lavoro e le responsabilità può portare a stress e burnout, mentre un eccesso di tempo libero può condurre a sentimenti di

insoddisfazione e mancanza di scopo. Trovare il giusto equilibrio permette di godere i frutti del nostro lavoro mantenendo allo stesso tempo uno spazio per il riposo, il ristoro e le passioni personali.

Strategie per il Bilanciamento

Adottare pratiche quotidiane che favoriscono questo equilibrio è essenziale. Può trattarsi di stabilire limiti chiari tra il tempo dedicato al lavoro e quello libero, assicurandosi di rispettare entrambi. L'integrazione di hobby e attività ricreative nel nostro programma non solo arricchisce la nostra vita ma ci ricarica, aumentando la produttività e la creatività nei momenti di lavoro.

L'Importanza del Relax Consapevole

Il relax non deve essere visto come tempo "perso" ma come un investimento nel nostro benessere globale. Pratiche come la lettura, l'ascolto della musica, la meditazione o le passeggiate nella natura sono esempi di relax consapevole che possono profondamente arricchire la nostra esperienza di vita, rendendoci più centrati, calmi e pronti ad affrontare le sfide con rinnovata energia.

Impegno senza Sovraccarico

Dall'altra parte, l'impegno nelle nostre attività —sia esse professionali che personali—deve essere gestito in modo da non sovraccaricarci. Imparare a dire "no", stabilire priorità chiare e delegare compiti quando possibile sono strategie vitali per mantenere un impegno sostenibile. Questo approccio ci permette di dedicarci pienamente alle attività che risuonano con il nostro IKIGAI senza esaurire le nostre risorse emotive e fisiche.

Il Ruolo del Sonno e del Riposo

Il sonno e il riposo giocano un ruolo chiave nell'equilibrio tra impegno e relax. Assicurarsi un sonno di qualità e praticare il riposo attivo sono fondamentali per il nostro recupero. Queste pratiche non solo sostengono la nostra salute fisica ma sono anche imprescindibili per la nostra lucidità mentale, la gestione delle emozioni e la capacità di mantenere una visione positiva e proattiva della vita.

Verso una Vita Bilanciata

L'arte di bilanciare impegno e relax è quindi una componente cruciale nella realizzazione dell'IKIGAI.

 Questo equilibrio non solo migliora la nostra qualità di vita ma ci permette anche di perseguire il nostro scopo con maggiore gioia e soddisfazione.

Riconoscendo l'importanza di entrambi gli aspetti e adottando pratiche quotidiane che sostengono questo equilibrio, possiamo vivere una vita che riflette veramente i nostri valori più profondi e il nostro IKIGAI.

Capitolo 6: Superare gli Ostacoli

Vivere con intenzione significa fare scelte consapevoli che riflettano i nostri valori più profondi, i nostri scopi e le nostre aspirazioni, permettendoci di navigare la vita con direzione e significato.

L'Importanza dell'Intenzionalità

L'intenzionalità ci invita a prendere il timone della nostra vita, a definire chiaramente ciò che desideriamo realizzare e a intraprendere azioni deliberate per raggiungere questi obiettivi.

Questo approccio consapevole ci permette di filtrare le distrazioni e di concentrarci sulle attività che sono in perfetta risonanza con il nostro IKIGAI, aumentando la nostra efficacia e la nostra soddisfazione personale.

Definire la Propria Visione

La prima tappa del vivere con intenzione implica la definizione chiara della propria visione di vita.

Questo processo richiede un'attenta riflessione sui nostri desideri più autentici, sui valori che desideriamo promuovere e sugli obiettivi che aspiriamo a raggiungere. Definire la propria visione può includere la scrittura di una dichiarazione di intenti, la creazione di una vision board o semplicemente la pratica quotidiana della meditazione per connettersi con i propri sogni e aspirazioni.

Scegliere Consapevolmente
Vivere con intenzione richiede di fare scelte consapevoli in ogni aspetto della vita, dalle piccole decisioni quotidiane alle grandi scelte di vita. Ciò implica valutare come ogni decisione si allinea con la nostra visione e il nostro IKIGAI, chiedendoci se ci avvicina o ci allontana dai nostri obiettivi. Questa pratica di scelta consapevole ci aiuta a vivere in modo più autentico e allineato con i nostri valori fondamentali.

Creare Spazio per ciò che Conta
Un elemento chiave del vivere con intenzione è creare spazio nella nostra vita per ciò che conta davvero.

Questo può significare declutterare la nostra vita fisica e digitale, ridurre gli impegni che non rispecchiano i nostri valori o semplicemente dedicare tempo regolarmente alle nostre passioni e alle persone che amiamo. Creare questo spazio ci permette di respirare, di godere del momento presente e di coltivare le aree della nostra vita che nutrono il nostro IKIGAI.

Praticare la Gratitudine e la Presenza
L'intenzionalità si nutre anche della pratica quotidiana della gratitudine e della presenza. Prendersi il tempo per riconoscere e apprezzare le benedizioni della nostra vita, anche nelle sfide, ci radica nel momento presente e rafforza il nostro legame con l'IKIGAI. La gratitudine amplifica la nostra percezione della bellezza e dell'abbondanza che ci circonda, motivandoci a perseguire il nostro scopo con rinnovato vigore.

Vivere con intenzione è, quindi, un approccio trasformativo alla vita che ci invita a riflettere profondamente sulle nostre scelte e sulle nostre azioni. Questo modo di vivere non solo arricchisce la nostra esperienza quotidiana ma ci guida anche verso la realizzazione del nostro IKIGAI, consentendoci di vivere una vita piena di scopo, significato e gioia. Attraverso l'intenzionalità, impariamo a valorizzare ogni momento, ogni incontro e ogni sfida come parte integrante del nostro viaggio unico e personale verso la pienezza di vita.

6.2 Strategie per superare la paura del fallimento

Avanzando nel percorso per abbracciare pienamente il nostro IKIGAI, esploriamo come la nostra interazione con l'ambiente non sia solo una riflessione delle nostre scelte di vita quotidiane ma sia anche profondamente intrecciata con la realizzazione del nostro IKIGAI. La consapevolezza ambientale e la sostenibilità emergono non solo come responsabilità etiche verso il pianeta ma come componenti essenziali per vivere una vita pienamente allineata con i nostri valori più profondi.

Riconoscere che ogni nostra azione ha un impatto sull'ambiente ci porta a riflettere sulla sostenibilità come un'estensione naturale del nostro IKIGAI. Questa consapevolezza ci spinge a considerare come le nostre scelte quotidiane – dal cibo che mangiamo al modo in cui viaggiamo e consumiamo risorse – contribuiscano al benessere o al degrado del nostro pianeta. Integrare la consapevolezza ambientale nel nostro IKIGAI significa allineare le nostre pratiche di vita con un rispetto profondo per la natura e per le future generazioni.

Sostenibilità nelle Scelte Quotidiane

Adottare un approccio sostenibile alla vita implica fare scelte quotidiane consapevoli che riducano il nostro impatto ambientale. Questo può variare dall'adozione di una dieta a base vegetale, alla riduzione dei rifiuti, all'uso di trasporti ecologici, e al sostegno di aziende e prodotti che adottano pratiche etiche e sostenibili. Queste azioni, sebbene possano sembrare piccole singolarmente, collettivamente hanno il potere di effettuare cambiamenti significativi, riflettendo il nostro impegno verso un'esistenza più armoniosa con l'ambiente.

Il Ruolo dell'Educazione Ambientale

L'educazione gioca un ruolo cruciale nel promuovere una maggiore consapevolezza ambientale. Informarsi e informare sugli impatti delle nostre azioni sull'ambiente, sui principi di sostenibilità e sulle pratiche ecologiche può ispirare noi stessi e gli altri a fare scelte più responsabili. Questo processo educativo arricchisce il nostro IKIGAI, dotandoci della conoscenza e delle competenze per contribuire attivamente alla tutela dell'ambiente.

La Sostenibilità come Connessione Comunitaria

La sostenibilità e la consapevolezza ambientale ci ricordano che siamo tutti connessi: le nostre azioni individuali hanno ripercussioni sulla comunità globale e sull'ecosistema terrestre. Partecipare a iniziative comunitarie, promuovere progetti sostenibili e collaborare con altri per la tutela dell'ambiente sono modi attraverso cui possiamo estendere il nostro IKIGAI oltre il sé, contribuendo al benessere collettivo e alla salute del pianeta.

Verso un Futuro Sostenibile

Incorporare la consapevolezza ambientale e pratiche sostenibili nella nostra vita non è solo una questione di responsabilità etica ma un passo fondamentale verso la realizzazione del nostro IKIGAI in un modo che rispetti e preservi il mondo che ci circonda. Questo approccio ci permette di vivere con un senso di scopo che va oltre la realizzazione personale, estendendosi alla contribuzione di un futuro più verde, più giusto e sostenibile per tutti.

Attraverso l'integrazione della consapevolezza ambientale e della sostenibilità nel nucleo del nostro IKIGAI, possiamo forgiare una vita che non solo è in armonia con i nostri valori e aspirazioni personali ma che contribuisce anche attivamente al benessere del nostro pianeta e delle sue future generazioni.

6.3 L'importanza della resilienza e come coltivarla

In questo capitolo del nostro viaggio verso la scoperta dell'IKIGAI, permettetemi di condividere un episodio personale che ha segnato profondamente il mio percorso: come la resilienza mi ha guidata verso il mio IKIGAI.

C'era un periodo della mia vita in cui sembrava che ogni strada intrapresa portasse a un vicolo cieco. La mia carriera stava vacillando, i miei rapporti personali erano tesi e la mia passione per la creatività sembrava essersi dissolta. Sentivo di aver perso il collegamento non solo con il mio IKIGAI ma con me stessa. Ero avvolta da una nebbia di incertezza e delusione, incapace di vedere una via d'uscita.

La svolta avvenne inaspettatamente un freddo pomeriggio d'autunno. Mentre camminavo nel parco vicino alla mia abitazione, cercando di chiarirmi le idee, il mio sguardo cadde su un piccolo fiore che spuntava tra le crepe del cemento. Questo fiore, nonostante le evidenti avversità che aveva dovuto superare per raggiungere la luce del sole, era lì, splendente di una bellezza pura e resiliente. Quest'immagine colpì una corda profonda dentro di me. Se quel fiore poteva trovare un modo per fiorire contro ogni previsione, allora anche io potevo superare i miei ostacoli e ritrovare il mio IKIGAI.

Questo momento di rivelazione mi spinse a riflettere sulla vera natura della resilienza. Cominciai a vedere la resilienza non solo come la capacità di sopravvivere alle avversità ma come la forza di trasformarle in opportunità di crescita e scoperta di sé. La resilienza non significava ignorare il dolore o le difficoltà, ma affrontarli, imparare da essi e procedere con una rinnovata determinazione.

Con questa nuova comprensione, adottai un approccio più intenzionale alla vita. Iniziai a valorizzare ogni esperienza, buona o cattiva, come un'occasione per imparare e crescere. Questo non solo mi ha aiutato a navigare attraverso tempi difficili ma mi ha anche permesso di sviluppare una maggiore empatia verso gli altri, rafforzando le mie relazioni e costruendo connessioni più significative.

La resilienza mi ha insegnato l'importanza dell'adattabilità e dell'accettazione. Ho imparato che, mentre non posso controllare ogni aspetto della vita, ho il potere di scegliere come rispondere alle sue sfide. Questa realizzazione ha infuso ogni giorno con un senso di scopo e intenzionalità, avvicinandomi sempre di più al mio IKIGAI.

Condividere questa storia è il mio modo di offrire speranza e ispirazione a coloro che possono trovarsi in momenti di dubbio o disperazione. La resilienza è una luce che può guidarci attraverso l'oscurità, rivelando percorsi nascosti verso la realizzazione del nostro IKIGAI. Ogni sfida superata non solo ci avvicina al nostro scopo ma arricchisce anche la nostra comprensione della vita, offrendoci una prospettiva più profonda e una gioia più autentica nel nostro viaggio.

La Rinascita di Akira: Da Imprenditore Fallito a Maestro di Ceramica

Akira era un imprenditore che aveva visto crollare il suo business a causa di una crisi economica improvvisa. Sconfitto e indebitato, si ritrovò a riflettere sul vero significato del successo e della felicità. Durante questo periodo di riflessione, riscoprì la sua passione di gioventù per la ceramica, un hobby che aveva abbandonato per inseguire il sogno di un'impresa di successo. Decidendo di dare una svolta alla sua vita, Akira iniziò a dedicarsi alla ceramica, scoprendo nel processo creativo non solo una fonte di gioia ma anche il suo vero IKIGAI. Oggi, le sue opere sono esposte in gallerie d'arte in tutto il mondo, e lui conduce workshop per insegnare ad altri l'arte della ceramica, condividendo la lezione che il fallimento, se abbracciato come un'opportunità di crescita, può aprire le porte a nuove e inaspettate vie di realizzazione personale.

La Trasformazione di Hina: Superare la Malattia attraverso l'Arte

Hina era una giovane donna con un promettente futuro nel campo della danza quando una malattia improvvisa la lasciò parzialmente paralizzata. Inizialmente, la disperazione e la rabbia oscurarono la sua visione della vita. Tuttavia, nel profondo del suo dolore, trovò la forza di reinventarsi.

Attraverso la pittura, trasformò la sua lotta in espressione artistica, scoprendo un nuovo modo di comunicare la sua passione e la sua vitalità. La sua arte, vibrante e carica di emozioni, divenne non solo una forma di terapia ma anche il suo IKIGAI. Attraverso mostre e racconti del suo viaggio, Hina ispira ora gli altri a trovare la bellezza e lo scopo anche nelle circostanze più difficili.

Il Cammino di Kenzo: Dalla Perdita alla Guida Spirituale

Kenzo aveva perso tutto in un tragico incidente: la sua famiglia, la sua casa, e quasi la sua volontà di vivere. Nel suo dolore, si ritirò in un monastero, cercando silenzio e solitudine. Lì, immerso nello studio dello Zen e nelle pratiche meditative, Kenzo trovò la pace e una nuova comprensione della vita e della morte. Emergendo da questo periodo di isolamento, scoprì il suo IKIGAI nell'aiutare gli altri a navigare il loro dolore e a trovare la pace interiore. Oggi, Kenzo è un rispettato guida spirituale che condivide le sue esperienze e le sue intuizioni per aiutare le persone a superare le proprie perdite e a riscoprire la gioia di vivere.

Queste storie riflettono la resilienza umana e la potente ricerca dell'IKIGAI.
Ognuna di queste vite, trasformate da sfide insormontabili, dimostra come, affrontando gli ostacoli con coraggio e apertura, possiamo scoprire i percorsi più autentici e gratificanti della nostra esistenza. Questi racconti non sono solo testimonianze di superamento personale ma anche di ispirazione, ricordandoci che, indipendentemente dagli ostacoli che affrontiamo, dentro di noi risiede la capacità di trovare e perseguire il nostro IKIGAI.

6.5 Esercizi per rafforzare la determinazione e la resilienza

L'autenticità, in questo contesto, si rivela non solo come un atto di coraggio ma anche come un percorso di trasformazione personale che permette di allineare pienamente la nostra vita con i nostri valori più profondi e le nostre vere passioni.

L'Autenticità come Espressione dell'IKIGAI

Vivere autenticamente significa esprimere la nostra vera natura in ogni aspetto della nostra vita, dalle scelte professionali alle relazioni personali, fino alle piccole decisioni quotidiane.

Questa espressione genuina del sé è cruciale per connettersi con il proprio IKIGAI, poiché solo quando siamo veramente in contatto con chi siamo possiamo capire cosa ci rende veramente felici e appagati.

La Sfida dell'Autenticità

Per molti, la sfida più grande nell'essere autentici risiede nel superare la paura del giudizio altrui e della non accettazione.

La società spesso premia la conformità, il che può rendere difficile mostrarsi vulnerabili e veri. Tuttavia, è proprio attraverso l'accettazione della nostra unicità e la celebrazione delle nostre differenze che possiamo trovare una connessione più profonda con gli altri e, più importante, con noi stessi.

Storie di Vita: Il Potere dell'Autenticità

Consideriamo la storia di Chiara, un'architetta di successo che ha lasciato il suo lavoro in uno studio di prestigio per inseguire la sua passione per l'arte sostenibile. Nonostante le incertezze e i timori iniziali, la decisione di seguire il suo vero interesse non solo l'ha portata a una carriera più soddisfacente ma ha anche ispirato altri nella sua comunità a perseguire i propri sogni autentici. La sua storia è un potente esempio di come vivere in modo autentico possa non solo trasformare la nostra vita ma anche servire da faro per gli altri.

L'Autenticità come Pratica Quotidiana

L'autenticità può essere coltivata quotidianamente, prendendo decisioni che rispecchiano i nostri valori reali, ascoltando la nostra intuizione e onorando i nostri sentimenti e desideri. Si tratta di una pratica costante di auto-riflessione e coraggio, di scegliere consapevolmente di essere noi stessi in un mondo che spesso ci spinge in direzioni diverse.

Autenticità e Crescita Personale

Attraverso l'autenticità, intraprendiamo un viaggio di crescita personale che ci permette di scoprire non solo chi siamo veramente ma anche come possiamo contribuire al mondo in modo significativo. Questo processo di auto-scoperta e di espressione genuina è fondamentale per avvicinarsi al proprio IKIGAI, poiché ci guida verso una vita di maggiore integrità, soddisfazione e felicità.

In conclusione, L'autenticità non è solo una componente del trovare il nostro scopo di vita; è la linfa vitale che nutre la nostra esistenza, permettendoci di vivere pienamente e di condividere il nostro dono unico con il mondo. La trasformazione attraverso l'autenticità ci prepara per il prossimo passo nel nostro viaggio.

<u>7</u>: La Comunità e le Relazioni

Avanzando nel nostro viaggio verso l'illuminazione dell'IKIGAI, la prossima finestra si apre sul tema della "Riflessione e della Meditazione come Strumenti per l'Introspezione". Poniamo l'accento sull'importanza di dedicare tempo alla riflessione personale e alla meditazione, sottolineando come queste pratiche siano fondamentali per connettersi con il nostro sé più profondo e, in ultima analisi, per scoprire e nutrire il nostro IKIGAI.

Riflessione: Il Ponte verso l'Introspezione

La riflessione è più di un semplice atto di pensare; è un processo deliberato di esplorazione interna che ci permette di analizzare le nostre esperienze, i nostri sentimenti e le nostre reazioni.

Attraverso la riflessione, possiamo prendere consapevolezza delle nostre vere passioni, dei nostri valori e delle aree della nostra vita che richiedono attenzione o cambiamento. È questo approfondimento che ci guida verso una comprensione più ricca del nostro IKIGAI, permettendoci di allinearci più strettamente con i nostri scopi e aspirazioni.

Meditazione: Ascoltare il Silenzio Interno

Parallelamente alla riflessione, la meditazione offre una via per calmare la mente e centrare l'attenzione sul momento presente. Nel silenzio e nella quiete della meditazione, possiamo ascoltare la nostra voce interiore, quella guida sottile che spesso viene soffocata dal rumore del quotidiano. Questo ascolto attivo del nostro sé interiore apre le porte a una comprensione più profonda del nostro IKIGAI, rivelando intuizioni e direzioni che possono essere sfuggenti nella frenesia della vita quotidiana.

Integrare Riflessione e Meditazione nella Vita Quotidiana

Per rendere la riflessione e la meditazione parte integrante della nostra ricerca dell'IKIGAI, è essenziale integrarle come pratiche regolari nella nostra routine. Questo può significare dedicare momenti specifici della giornata per sedersi in silenzio, tenere un diario dove annotare pensieri e riflessioni, o semplicemente praticare la mindfulness mentre svolgiamo le nostre attività quotidiane.

Queste pratiche ci aiutano a mantenere una connessione costante con il nostro sé interiore, facilitando una continua scoperta e evoluzione del nostro IKIGAI.

La Sfida della Consistenza

Uno degli ostacoli maggiori nel mantenere una pratica regolare di riflessione e meditazione è la consistenza.

La vita può diventare travolgente, e trovare tempo per queste pratiche può sembrare difficile. Tuttavia, è proprio nel mezzo del caos che la riflessione e la meditazione diventano più cruciali.

Anche brevi momenti dedicati a queste pratiche possono avere un impatto profondo sul nostro benessere e sulla nostra chiarezza di scopo.

Nel cammino verso l'IKIGAI, la riflessione e la meditazione si rivelano compagni di viaggio insostituibili. Ci forniscono gli strumenti per navigare le acque talvolta turbolente della vita con grazia e consapevolezza, permettendoci di rimanere fedeli a noi stessi e al nostro percorso. Attraverso queste pratiche, possiamo continuare a crescere, ad adattarci e a prosperare, indipendentemente da ciò che la vita ci riserva.

Ritrovare sé Stessi nel Silenzio

Nel mondo moderno, il silenzio è diventato un bene raro e prezioso. Siamo costantemente circondati da rumori: dai suoni incessanti della tecnologia alle voci della vita quotidiana. Tuttavia, è nel silenzio che possiamo veramente ascoltare noi stessi, senza distrazioni o interferenze. Dedicare tempo al silenzio ci permette di rallentare, di riflettere sulle nostre vite, e di ascoltare la guida interiore che ci conduce verso il nostro IKIGAI.

Il Ritiro come Pratica di Rinnovamento

Il ritiro, sia esso una vacanza in solitaria, un ritiro spirituale, o semplicemente un weekend trascorso lontano dalle normali routine, offre una pausa vitale dall'incessante flusso di impegni e responsabilità. Questi periodi di ritiro non sono fughe dalla realtà, ma piuttosto opportunità per immergersi in essa più profondamente, offrendo spazio e tempo per la riflessione personale e la crescita spirituale. Attraverso il ritiro, possiamo rigenerare la nostra energia, chiarire i nostri pensieri e rafforzare il nostro impegno verso il nostro IKIGAI.

Storie di Ritiro e Silenzio

Vi posso ad esempio raccontare di Luca, un insegnante che si sentiva sopraffatto dal peso del suo lavoro e dalle aspettative altrui. Decidendo di prendersi una pausa, si ritirò in un piccolo cottage in montagna, senza accesso a Internet o telefono. Inizialmente inquieto, Luca gradualmente si abituò al silenzio, trovandovi un senso di pace e chiarità che aveva dimenticato. Questo periodo di solitudine gli permise di riflettere sulla sua vita e sulle sue vere passioni, riscoprendo il suo amore per la scrittura e realizzando che questo era il suo IKIGAI. Tornato alla vita quotidiana, Luca iniziò a dedicare più tempo alla scrittura, equilibrando il suo lavoro di insegnante con la sua passione rinata.

Il Silenzio e il Ritiro come Abitudini Regolari
Incorporare il silenzio e il ritiro nella nostra vita non richiede necessariamente grandi gesti. Anche brevi momenti di silenzio quotidiano o weekend trascorsi in natura possono avere un impatto significativo. L'importante è rendere questi momenti una pratica regolare, un appuntamento costante con noi stessi per nutrire la nostra anima e il nostro IKIGAI.

La Trasformazione Attraverso il Silenzio

Attraverso il silenzio e il ritiro, ci apriamo a una trasformazione profonda. Queste pratiche ci permettono di spogliarci delle maschere che indossiamo nel mondo esterno, di confrontarci con le nostre paure e speranze, e di riconnetterci con i nostri desideri più autentici.

Questo processo di auto-scoperta e rinnovamento interiore è essenziale per vivere una vita allineata con il nostro IKIGAI, ricca di significato, scopo e gioia.

Proviamo ora a riflettere sull'"Empatia e Connessione Umana come Pilastri dell'IKIGAI".

Questa sezione del libro enfatizza come l'empatia e la capacità di stabilire connessioni autentiche con gli altri non solo arricchiscano la nostra esperienza umana ma siano essenziali per la realizzazione del nostro IKIGAI.

Attraverso storie ed esempi, esploriamo come l'empatia e le relazioni profonde con gli altri contribuiscano significativamente alla nostra ricerca di scopo e felicità.

Empatia: La Chiave per Comprendere gli Altri

L'empatia, la capacità di comprendere e condividere i sentimenti altrui, è un potente strumento di connessione umana. Essa ci permette di oltrepassare le barriere dell'io per entrare in un territorio di comprensione e cura reciproca. L'IKIGAI, nel suo nucleo, riguarda non solo la realizzazione personale ma anche il contributo positivo alla vita degli altri. Attraverso l'empatia, possiamo sentire più profondamente le gioie e le sofferenze altrui, guidando le nostre azioni verso un impatto compassionevole e significativo.

Storie di Empatia e IKIGAI

Ora vi parlo di una mia amica, una ragazza che ho conosciuto durante uno dei miei viaggi in Italia e che ora quando posso, cerco sempre di andare a trovare.

Elena, un medico che, dopo anni di pratica clinica, si sentiva disillusa dalla crescente distanza emotiva tra lei e i suoi pazienti.

Decise quindi di dedicare parte del suo tempo a workshop di ascolto empatico per i professionisti della salute.

Questa esperienza non solo rinnovò il suo amore per la medicina ma le rivelò anche il suo IKIGAI: facilitare una comunicazione più umana e empatica nel contesto sanitario.

L'impatto della sua iniziativa andò oltre la sua pratica personale, toccando le vite di colleghi e pazienti, creando un circolo virtuoso di cura e comprensione.

Elena mi ha anche aiutato raccontandomi delle storie tratte dalle sue interviste, queste storie sono fra quelle che potete leggere in questo libro.

Costruire Connessioni Autentiche

L'abilità di formare connessioni autentiche si basa sull'apertura, sulla vulnerabilità e sul rispetto reciproco.

Questi legami, siano essi amicizie, relazioni familiari o incontri casuali, sono il terreno su cui fiorisce l'IKIGAI.

Creare spazi in cui possiamo essere autenticamente noi stessi e accogliere gli altri nella loro totalità ci permette di scoprire nuove dimensioni del nostro scopo e di arricchire il nostro percorso di vita.

L'IKIGAI nelle Relazioni

Le relazioni umane, alimentate dall'empatia, offrono innumerevoli opportunità per vivere il nostro IKIGAI. Che si tratti di aiutare un amico in difficoltà, di partecipare a iniziative comunitarie o di contribuire a cause più grandi di noi, ogni atto di connessione basato sull'empatia rafforza il nostro senso di scopo.

Queste esperienze condivise non solo amplificano la nostra gioia ma ci ricordano che il nostro IKIGAI si realizza pienamente nel dare e nel ricevere amore e comprensione.

L'Empatia come Via verso l'IKIGAI

l'empatia e la connessione umana sono essenziali per una vita ricca di IKIGAI. Non è solo nel trovare la nostra passione o nel realizzare i nostri talenti che il nostro IKIGAI si manifesta, ma nel tessere questi doni attraverso le trame delle nostre relazioni, creando un tessuto di vita che è allo stesso tempo unico e universalmente connesso. Attraverso la pratica dell'empatia e lo sviluppo di connessioni umane profonde, possiamo navigare il viaggio dell'IKIGAI con una bussola che ci orienta sempre verso l'amore, la comprensione e il significato condiviso.

7.4 Esempi di come la comunità influisce sulla felicità e l'IKIGAI

Proviamo a comprendere ora come "Come la Comunità Influisce sulla Felicità e sull'IKIGAI". La comunità gioca un ruolo importante nel nutrire e sostenere la nostra ricerca di felicità e la realizzazione del nostro IKIGAI.

La Comunità come Specchio della Nostra Felicità

La comunità agisce come uno specchio che riflette e amplifica i nostri stati emotivi, compresa la felicità. Quando condividiamo momenti di gioia con gli altri, questi momenti si moltiplicano, creando un'eco di positività che rafforza il nostro senso di appartenenza e felicità collettiva. Un chiaro esempio è il semplice atto di condividere un pasto con amici o familiari. Questi momenti, intrisi di calore e condivisione, possono trasformare una quotidianità in occasioni di pura felicità, ricollegandoci al nostro IKIGAI attraverso il piacere della compagnia reciproca.

Supporto e Crescita Condivisa

Le comunità offrono un supporto essenziale nelle nostre vite, specialmente nei momenti di sfida. La storia di Aiko, che ha affrontato una grave malattia, è emblematica. Durante il suo percorso di guarigione, il sostegno ricevuto dalla sua comunità di yoga non è stato solo morale ma ha anche stimolato una profonda riflessione interiore. Questo supporto collettivo non solo l'ha aiutata a superare un periodo difficile ma l'ha anche guidata a riscoprire il suo IKIGAI nell'insegnare yoga, trasformando la sua esperienza di sofferenza in una fonte di ispirazione per gli altri.

L'IKIGAI e l'Impatto Sociale

La comunità può anche essere un catalizzatore per la realizzazione dell'IKIGAI attraverso l'impatto sociale. Prendiamo l'esempio di Marco, un ingegnere ambientale il cui IKIGAI è legato alla sostenibilità. Lavorando con gruppi comunitari locali per sviluppare progetti di energia rinnovabile, Marco ha trovato un profondo senso di scopo e appagamento. Questi progetti non solo hanno beneficiato l'ambiente ma hanno anche rafforzato il tessuto sociale delle comunità coinvolte, dimostrando come l'IKIGAI possa emergere e prosperare attraverso azioni che allineano le passioni individuali con il benessere collettivo.

Nell'era digitale, anche le comunità virtuali giocano un ruolo significativo nell'influenzare la nostra felicità e nel portarci più vicino al nostro IKIGAI.

Yuna ha trovato la sua vocazione nella scrittura e ha condiviso le sue storie online. Attraverso commenti e discussioni, ha costruito un legame profondo con lettori di tutto il mondo, scoprendo che il suo IKIGAI risiedeva nel toccare la vita degli altri attraverso le parole. La comunità virtuale è diventata il suo spazio di espressione e condivisione, dove la felicità e il senso di scopo si intrecciano strettamente.

La comunità è intrinsecamente legata alla nostra felicità e al nostro IKIGAI. Attraverso la condivisione di esperienze, il supporto reciproco e l'impegno collettivo verso obiettivi comuni, le comunità ci forniscono un terreno fertile su cui coltivare e far fiorire il nostro IKIGAI.

7.5 Esercizi per migliorare le relazioni e l'engagement nella comunità

"L'Arte dell'Ascolto: Ascoltare se Stessi e gli Altri come Via all'IKIGAI"

Il nostro cammino si fa sempre più interessante, affrontiamo quindi l'importanza cruciale dell'ascolto attento e profondo, sia verso il nostro interno sia verso il mondo esterno, come elemento fondamentale per avvicinarci e comprendere il nostro IKIGAI. Esploriamo come l'ascolto non solo migliori le nostre relazioni ma arricchisca anche la nostra comprensione di noi stessi e degli altri, portandoci più vicini alla realizzazione del nostro scopo di vita.

L'Ascolto di Sé come Fondamento dell'Introspezione

Iniziare un autentico viaggio verso il proprio IKIGAI richiede, prima di tutto, di diventare ascoltatori attenti del nostro mondo interiore. Questo significa prestare attenzione ai nostri pensieri, sentimenti, desideri e paure. Attraverso l'ascolto di sé, possiamo acquisire una profonda comprensione delle nostre vere passioni e dei valori che guidano la nostra vita. L'ascolto di sé è un processo continuo, che richiede tempo, pazienza e la volontà di affrontare onestamente ciò che scopriamo.

Ascoltare gli Altri per Arricchire la Nostra Visione dell'IKIGAI

Ascoltare gli altri con la stessa attenzione e apertura che riserviamo a noi stessi è altrettanto vitale. Le storie, le esperienze e le prospettive degli altri possono offrire ispirazione, insegnamenti e nuove intuizioni che arricchiscono la nostra ricerca dell'IKIGAI. L'ascolto empatico, che coinvolge una profonda connessione emotiva e cognitiva con l'interlocutore, ci permette di costruire relazioni più significative e di contribuire in modo più efficace al benessere della nostra comunità.

Storie di Ascolto

Un esempio potente viene dalla storia di un altra mia cara amica di che vive nella città di Okinawa la chiameremo "Elena" perché è cosi che si fa chiamare dagli amici da quando ha visitato l'Italia, Elena lavorava nel negozio dei suoi genitori ma aveva la passione del giornalismo , ricordo che quando ci incontravamo mi faceva delle vere e proprie interviste sui miei viaggi, a me come ad altri amici e conoscenti, aveva un blog su cui scriveva, coltivando questa sua passione ha imparato l'arte dell'ascolto. Le sue interviste non erano solo occasioni per raccogliere informazioni ma diventarono momenti di vera connessione umana. Da li a poco si mise d'impegno e trasformò grazie anche alla sua resilienza la sua passione in un vero e proprio lavoro.

Oggi Elena è una giornalista, scrive ancora sul suo blog ed ha pienamente abbracciato il suo IKIGAI, ogni storia che ascoltava la portava più vicina alla comprensione del suo esso, che scoprì essere legato non solo alla narrazione di storie ma anche all'ascolto e alla condivisione di quelle degli altri, illuminando le intersezioni uniche tra le vite delle persone.

L'Ascolto Come Pratica Quotidiana

L'ascolto può essere trasformato in una pratica quotidiana attraverso semplici azioni come dedicare il pieno della nostra attenzione a chi parla senza interruzioni, riflettere prima di rispondere e porre domande che approfondiscano la nostra comprensione. Questi atti di ascolto intenzionale non solo migliorano la qualità delle nostre interazioni ma approfondiscono anche la nostra capacità di ascolto interiore, rivelando strati più profondi del nostro IKIGAI.

Ascoltare sé stessi offre la chiave per comprendere le nostre vere passioni e scopi, mentre ascoltare gli altri amplia la nostra visione del mondo e rafforza il nostro senso di connessione e appartenenza. Attraverso l'ascolto, possiamo costruire un ponte tra il nostro mondo interiore e quello esterno, creando una vita che è non solo piena di significato personale ma arricchita dalle ricche tessiture delle esperienze umane condivise.

È chiaro quindi che nel cuore della nostra ricerca dell'IKIGAI vi sia un profondo bisogno di ascoltare, ascoltare con cura, attenzione e apertura.

<u>Capitolo 8</u>: Connettività con la Natura

Esploriamo una pratica giapponese profondamente radicata che collega l'essere umano con l'ambiente naturale attraverso un'esperienza sensoriale diretta.

Parliamo di: Shinrin-yoku, letteralmente "bagno forestale", va oltre una semplice passeggiata tra gli alberi, diventando un potente veicolo per rafforzare il nostro IKIGAI e arricchire la nostra vita quotidiana.

Shinrin-yoku: Immersione nella Foresta

Il Shinrin-yoku è una pratica che invita a immergersi completamente nell'atmosfera della foresta, utilizzando tutti e cinque i sensi per assorbire i benefici terapeutici dell'ambiente naturale. Questo approccio non è semplicemente ricreativo; è un'attività intenzionale che promuove la guarigione e il benessere fisico, mentale ed emotivo. La ricerca scientifica sostiene che il bagno forestale riduce lo stress, migliora l'umore, abbassa la pressione sanguigna e aumenta la capacità del sistema immunitario, riconnettendoci con la natura e, a un livello più profondo, con il nostro IKIGAI.

L'Impatto del Shinrin-yoku sull'IKIGAI

Il Shinrin-yoku influisce positivamente sull'IKIGAI in quanto questa pratica ci permette di staccare dalla frenesia quotidiana e di riflettere sui nostri veri desideri e aspirazioni. Nel silenzio e nella serenità della foresta, possiamo ascoltare la nostra voce interiore con maggiore chiarezza, avvicinandoci a una comprensione più profonda del nostro scopo di vita. Questi momenti di quiete e introspezione sono fondamentali per nutrire l'IKIGAI, poiché offrono nuove prospettive e rivelano percorsi inesplorati verso la realizzazione personale.

Storie di Vita: Shinrin-yoku e IKIGAI in Azione

Un esempio vivente dell'impatto del Shinrin-yoku sull'IKIGAI può essere trovato nella storia di Noriko:

una graphic designer di città che si sentiva sopraffatta dallo stress e dall'insoddisfazione lavorativa.

Alla ricerca di sollievo, iniziò a praticare il bagno forestale durante i weekend.

Queste immersioni nella natura non solo le hanno restituito la pace interiore ma hanno anche risvegliato la sua passione dimenticata per la fotografia. Noriko ha scoperto che il suo IKIGAI era catturare e condividere la bellezza e la tranquillità della natura attraverso l'obiettivo della sua macchina fotografica, unendo così il suo talento creativo con l'amore per l'ambiente naturale.

Integrare il Shinrin-yoku nella Vita Quotidiana
Adottare il Shinrin-yoku come parte della nostra routine non richiede necessariamente grandi foreste o riserve naturali. Anche piccole oasi verdi, come parchi cittadini o giardini domestici, possono servire come spazi per praticare il bagno forestale. L'importante è approcciarsi a questi momenti con intenzione, apertura sensoriale e un cuore pronto ad accogliere le lezioni che la natura ha da offrire.

Verso una Vita Allineata con l'IKIGAI
Quindi la nostra connessione con la natura è indissolubilmente legata al nostro benessere e alla realizzazione dell'IKIGAI?
Assolutamente si

Attraverso pratiche come il Shinrin-yoku, possiamo ristabilire legami essenziali con il mondo naturale, riscoprendo gioia, serenità e scopo nel processo. Questa armonia tra noi stessi, la nostra aspirazione all'IKIGAI e l'ambiente naturale ci guida verso una vita piena di significato, soddisfazione e salute.

Approfondiamo come l'immersione e l'interazione con gli ambienti naturali non siano solo piacevoli ma essenziali per il nostro benessere fisico e mentale. Questa sezione del libro esplora gli effetti tangibili che la natura ha sulla nostra salute e come, attraverso questa connessione, possiamo trovare un equilibrio più profondo e nutrire il nostro IKIGAI.

La Natura come Fonte di Guarigione Fisica
La ricerca scientifica ha dimostrato ripetutamente che trascorrere tempo in natura ha benefici misurabili sulla salute fisica. La riduzione della pressione sanguigna, l'abbassamento dei livelli di cortisolo (l'ormone dello stress), e il rafforzamento del sistema

immunitario sono solo alcuni degli effetti positivi riscontrati. Inoltre, l'esposizione alla luce solare durante le attività all'aperto contribuisce a regolare i ritmi circadiani, migliorando così la qualità del sonno e aumentando la produzione di vitamina D, cruciale per la salute delle ossa e la prevenzione di malattie croniche.

La Natura come Spazio di Ristoro Mentale
Parallelamente ai benefici fisici, la natura svolge un ruolo cruciale nel supportare la nostra salute mentale.
Studi hanno evidenziato come il tempo trascorso in ambienti naturali possa significativamente ridurre i sintomi di ansia, depressione e affaticamento mentale.
La tranquillità e la bellezza incontaminata degli spazi verdi offrono una fuga dal caos urbano, offrendoci spazio per la riflessione, il rilassamento e il rinnovamento spirituale. Questa connessione con la natura ci permette di allontanarci dalle preoccupazioni quotidiane, riaccendendo la nostra capacità di meraviglia e apprezzamento per le semplici gioie della vita.

Esempi di Vita: Il Potere Curativo della Natura

Un esempio vivente dei benefici della natura per il corpo e la mente è la storia di Kenji, un programmatore informatico che ha sperimentato burnout e ansia a causa delle lunghe ore trascorse davanti al computer.

La decisione di Kenji di dedicare i fine settimana all'escursionismo e al campeggio nei parchi naturali non solo ha migliorato la sua salute fisica ma ha anche portato a una diminuzione significativa dei suoi livelli di stress.

Attraverso queste esperienze, fin che ha mollato il lavoro da programmatore e trovato lavoro in una compagnia che organizza escursioni di media e lunga durata nell'isola di Hokkaido ed accompagna i turisti a scoprire i 6 diversi parchi naturali della fantastica isola di Hokkaido (andateci se potete).

Kenji ha scoperto un profondo senso di pace e chiarezza, avvicinandosi al suo IKIGAI, che ha riconosciuto nella condivisione della sua passione per la natura e nell'educazione ambientale.

Per trarre pienamente vantaggio dalla connessione con la natura, non è necessario vivere in campagna o trascorrere ogni fine settimana in escursioni. Anche piccoli cambiamenti, come coltivare piante in casa, fare passeggiate quotidiane in parchi locali, o semplicemente prendersi un momento per osservare il cielo o ascoltare il canto degli uccelli, possono avere un impatto significativo sul nostro benessere. Questi momenti di connessione con la natura agiscono come balsami per l'anima, ricordandoci della bellezza e della vastità del mondo che ci circonda.

La Connessione con la Natura come Via all'IKIGAI

Dobbiamo quindi provare ad abbracciare la connessione con la natura non solo come una fonte di piacere estetico ma come un pilastro fondamentale per la nostra salute e il nostro benessere complessivo.

Questa interazione armoniosa con l'ambiente naturale è un cammino vitale verso la scoperta e la nutrizione del nostro IKIGAI, permettendoci di vivere una vita equilibrata e appagante, in cui corpo, mente e spirito sono in sintonia con il mondo naturale

Proseguendo, conosciamo "L'importanza della biodiversità e il suo ruolo nell'IKIGAI", esploriamone il valore intrinseco e vediamo come questa influisce profondamente sul nostro benessere e sulla ricerca del nostro scopo di vita. Metteremo in luce come la diversità biologica del nostro pianeta non solo sostenga la vita in tutte le sue forme ma arricchisca anche la nostra esistenza, offrendoci innumerevoli modi per connetterci con la natura e scoprire il nostro IKIGAI.

La Biodiversità come Fonte di Ispirazione

La biodiversità, con la sua vasta gamma di specie vegetali e animali, ecosistemi e processi naturali, offre un inesauribile serbatoio di meraviglia e ispirazione. Immergersi in ambienti ricchi di biodiversità ci permette di sperimentare la complessità e l'interconnessione della vita, stimolando la nostra curiosità e il nostro senso di appartenenza al mondo naturale. Questa consapevolezza può spingerci a riscoprire passioni dimenticate o a trovare nuovi interessi, avvicinandoci così al nostro IKIGAI attraverso la connessione profonda con la vita in tutte le sue forme.

Partecipare alla Conservazione della Biodiversità L'impegno attivo nella conservazione della biodiversità rappresenta un modo tangibile per contribuire alla salute del nostro pianeta e, al contempo, trovare un senso di scopo e appagamento. Azioni come il volontariato in progetti di ripristino ambientale, il supporto a iniziative di conservazione locale o l'adozione di uno stile di vita sostenibile non solo aiutano a proteggere e ripristinare gli habitat naturali ma rafforzano anche il nostro legame con l'IKIGAI, mostrandoci come possiamo avere un impatto positivo sul mondo che ci circonda.

Esplorare la Biodiversità Locale

Non è necessario viaggiare in luoghi remoti per sperimentare la biodiversità; esplorare la diversità biologica locale può essere altrettanto arricchente. Attività come l'identificazione delle specie native nel proprio giardino o parco, l'osservazione degli uccelli o la partecipazione a censimenti della fauna selvatica offrono opportunità per connettersi con la natura vicino a casa. Queste esperienze ci insegnano l'importanza di ogni singola forma di vita e il ruolo che ognuna gioca nell'equilibrio degli ecosistemi, riflettendo il concetto di interdipendenza al cuore dell'IKIGAI.

La Biodiversità e il Benessere Umano

La biodiversità non influisce solo sulla nostra salute ambientale ma è essenziale anche per il nostro benessere fisico e mentale. Gli ecosistemi sani forniscono servizi essenziali come aria pulita, acqua potabile, cibo nutriente e materie prime. Inoltre, la ricchezza di vita e paesaggi naturali contribuisce alla nostra salute mentale, riducendo lo stress e aumentando la felicità. La cura degli ambienti naturali e la celebrazione della loro diversità diventano così espressioni dell'IKIGAI, collegate alla nostra stessa sopravvivenza e prosperità.

Proviamo a considerare la biodiversità non solo come una responsabilità ecologica ma come una fonte vitale di ispirazione, benessere e scopo. Attraverso la comprensione e la valorizzazione della ricchezza della vita sulla Terra, possiamo allineare le nostre azioni e le nostre scelte di vita con il benessere del pianeta e il nostro IKIGAI. La biodiversità, quindi, non è solo lo sfondo della nostra esistenza ma un elemento centrale nella nostra ricerca di una vita piena di significato, in cui ogni forma di vita è riconosciuta, valorizzata e protetta come parte della nostra grande rete di connessioni.

La Rinascita di Emi: Dalla Città alla Campagna

Emi, una manager di successo in una frenetica metropoli, si trovava in una spirale di stress e insoddisfazione. La sua scoperta del concetto di IKIGAI la portò a riflettere sulle vere fonti della sua felicità. Un weekend trascorso in un rifugio rurale le rivelò una connessione perduta con la natura. Decidendo di ascoltare il suo cuore, Emi lasciò il suo lavoro e si trasferì in campagna, dove iniziò a dedicarsi all'apicoltura. Il contatto quotidiano con la terra e le api non solo ristabilì il suo equilibrio emotivo ma le rivelò anche il suo vero IKIGAI: vivere in armonia con la natura e condividere i benefici del miele e dei prodotti dell'alveare con la comunità.

La Trasformazione di Taro: Salvare i Fiumi, Trovare uno Scopo

Taro, un biologo acquatico, aveva dedicato la sua vita alla ricerca accademica senza mai interrogarsi sul suo IKIGAI.

La partecipazione a un progetto di pulizia dei fiumi locali contaminati lo colpì profondamente, facendogli scoprire una passione per la conservazione dell'acqua.

Questo impegno lo portò a fondare un'organizzazione non profit dedicata alla salvaguardia delle risorse idriche, trasformando il suo lavoro in una missione di vita.

La gratitudine e l'apprezzamento espressi dalle comunità beneficiarie gli dimostrarono che aveva trovato il suo IKIGAI nell'unione tra scienza e attivismo ambientale.

L'Isola di Chihiro: Un Santuario per l'Anima

Chihiro, un'artista che viveva in un piccolo appartamento cittadino, sentiva che la sua creatività era soffocata dalla mancanza di spazi verdi. Un viaggio su un'isola remota, ricca di flora e fauna selvatica, fu una rivelazione. La bellezza incontaminata dell'isola la ispirò a creare una serie di opere d'arte che celebravano la connessione dell'uomo con la natura. Questa esperienza non solo ravvivò il suo spirito creativo ma le fece capire che il suo IKIGAI consisteva nel trasmettere attraverso l'arte la necessità vitale di preservare la bellezza naturale del nostro pianeta.

L'Orto di Michael: Coltivare Comunità

Michael, un insegnante di scuola elementare, introdusse un orto didattico nel curriculum scolastico, coinvolgendo gli studenti nella coltivazione di frutta e verdura. Osservare i bambini scoprire la gioia della crescita delle piante e la responsabilità verso l'ambiente gli rivelò il suo IKIGAI: educare le giovani menti sull'importanza della sostenibilità e del rispetto per la natura.

Questo progetto trasformò non solo il cortile della scuola ma anche la comunità circostante, che si unì nel sostegno dell'iniziativa, creando un legame più forte tra la scuola e l'ambiente naturale.

Queste storie illustrano come la connessione con la natura possa essere un potente veicolo per il riconoscimento e la realizzazione del proprio IKIGAI.

Che si tratti di un cambiamento radicale di vita o di piccoli gesti quotidiani, l'integrazione della natura nelle nostre esistenze apre nuove strade verso la felicità, il benessere e uno scopo più profondo, arricchendo così il tessuto delle nostre vite e delle comunità in cui viviamo.

8.5 Esercizi per integrare la natura nella ricerca dell'IKIGAI

Questa sezione del libro propone esercizi che non solo rafforzano il nostro legame con la natura ma ci aiutano anche a riflettere su come questo rapporto possa influenzare e arricchire il nostro scopo di vita.

1: Diario della Natura

Inizia tenendo un diario dedicato alle tue esperienze in natura. Ogni volta che passi del tempo all'aperto, annota ciò che osservi, i suoni che ascolti, le sensazioni sulla pelle, i profumi che percepisci. Rifletti su come queste esperienze influenzano il tuo stato d'animo, i tuoi pensieri e il tuo benessere. Questo esercizio non solo aumenta la tua consapevolezza e apprezzamento per i dettagli del mondo naturale ma ti aiuta anche a scoprire quali aspetti della natura risuonano più profondamente con il tuo IKIGAI.

2: Passeggiate Consapevoli

Dedica del tempo a passeggiate consapevoli in ambienti naturali, concentrandoti pienamente sull'esperienza. Pratica la mindfulness camminando: nota ogni passo, senti il terreno sotto i tuoi piedi, osserva con attenzione tutto ciò che ti circonda. Lascia che la mente si liberi dai pensieri quotidiani e si concentri esclusivamente sul momento presente. Questa pratica di piena consapevolezza in natura può rivelare nuove intuizioni sul tuo IKIGAI, mostrandoti come la semplicità e la bellezza della natura riflettano i desideri e le aspirazioni più profondi del tuo cuore.

3: La Meditazione Nell'Elemento Naturale

Scegli un elemento naturale con cui ti senti particolarmente connesso (acqua, alberi, rocce, ecc.) e dedica del tempo a meditare in sua presenza. Che si tratti di ascoltare il suono di un ruscello, di abbracciare un albero o di osservare le onde del mare, cerca di stabilire una connessione profonda con quell'elemento. Rifletti su come questo elemento possa simboleggiare o influenzare la tua ricerca dell'IKIGAI.

Questo esercizio favorisce un senso di unità con la natura e può offrire preziose metafore per comprendere e perseguire il tuo scopo di vita.

4: Volontariato Ambientale

Partecipa a un'attività di volontariato che si concentri sulla cura dell'ambiente naturale.

Che si tratti di piantare alberi, pulire spiagge o lavorare in un giardino comunitario, l'azione di dare qualcosa in cambio alla terra può rafforzare il tuo senso di responsabilità verso il mondo naturale e, contemporaneamente, arricchire la tua ricerca dell'IKIGAI.

Queste esperienze di volontariato non solo migliorano l'ambiente ma ti collegano anche con persone che condividono valori simili, ampliando la tua rete di sostegno nella ricerca del tuo scopo di vita.

5: Riflessione sulla Natura e sull'IKIGAI

Dopo aver sperimentato gli esercizi sopra descritti, prenditi un momento per riflettere su come la tua connessione con la natura influenzi la tua comprensione dell'IKIGAI. Considera le modalità attraverso cui il tempo trascorso in natura ha arricchito la tua vita, influenzato le tue scelte e ispirato i tuoi sogni. Questa riflessione può rivelare percorsi inaspettati verso la realizzazione del tuo IKIGAI, mostrando come la natura possa essere non solo una fonte di ispirazione ma anche una guida verso una vita piena di scopo e significato.

Attraverso questi esercizi pratici, possiamo rafforzare la nostra connessione con l'ambiente naturale e scoprire come questa relazione arricchisca profondamente il nostro viaggio verso la scoperta e la realizzazione del nostro scopo di vita.

Capitolo 9: L'Arte e la Creatività

Arte e Creatività: Canali per l'Autenticità

L'arte e la creatività emergono come strumenti potenti per l'esplorazione dell'identità personale e la manifestazione del proprio IKIGAI. Attraverso forme creative, individui possono esprimere pensieri, emozioni, visioni e aspirazioni in modi che trascendono il linguaggio verbale. Questo processo di espressione creativa offre un percorso unico per l'introspezione e l'autorealizzazione, consentendo agli artisti di navigare attraverso i propri paesaggi interiori e di riflettere sulla propria vita e sui propri valori.

Arte come Specchio dell'IKIGAI

In ogni pennellata, nota musicale, passo di danza o parola scritta, l'arte riflette le ricerche, le lotte, le gioie e le scoperte dell'animo umano. È in questo specchio creativo che molti trovano il riflesso del proprio IKIGAI. La creazione artistica diventa una pratica meditativa, un atto di presenza che connette l'individuo al momento presente e al flusso della vita. Attraverso l'arte, si scopre che l'IKIGAI non risiede nella ricerca esterna di scopo ma emerge dall'atto stesso di creare, di vivere autenticamente e di condividere questa autenticità con il mondo.

Storie di Trasformazione Attraverso l'Arte

Vi parlo di Naomi, un'architetta che si sentiva disconnessa dal suo lavoro quotidiano. Attraverso la pittura, iniziò a esplorare temi di connessione con la natura e la comunità, scoprendo così il suo IKIGAI nell'uso dell'architettura per creare spazi che favoriscono il benessere e la condivisione.

L'arte le ha permesso di visualizzare e poi realizzare una professione in cui la sua creatività potesse avere un impatto tangibile sulla qualità della vita delle persone.

La Creatività come Forza Motrice del Cambiamento

L'arte possiede anche un'incredibile capacità di ispirare il cambiamento, sia a livello personale che collettivo.

Creatori di ogni epoca hanno usato la loro arte per sollevare questioni sociali, sfidare percezioni consolidate e proporre nuove visioni del futuro.

In questo modo, l'arte e la creatività non solo esprimono l'IKIGAI individuale ma catalizzano anche la scoperta e l'evoluzione dell'IKIGAI collettivo, tessendo insieme aspirazioni personali e desideri comuni per un mondo migliore.

Indipendentemente dalla percezione di abilità o talento, l'esplorazione artistica è accessibile a tutti e rappresenta un mezzo vitale per l'esplorazione e l'espressione del proprio IKIGAI. Attraverso pratiche quotidiane di creatività, sperimentazione e gioco, possiamo scoprire nuove vie verso la realizzazione personale e contribuire alla creazione di una realtà condivisa che rispecchia i nostri valori più profondi.

Arte e creatività sono essenziali non solo come mezzi di espressione personale ma come veicoli attraverso i quali possiamo connetterci più profondamente con noi stessi, con gli altri e con il mondo intero, rivelando e nutrendo l'IKIGAI che risiede in ciascuno di noi.

9.2 Esplorare varie forme d'arte come via verso l'IKIGAI

La Diversità Artistica come Specchio dell'Esistenza Umana

L'arte si manifesta in innumerevoli forme, ciascuna con la sua unica capacità di esprimere aspetti diversi dell'esperienza umana. Dalla pittura alla danza, dalla scultura alla musica, ogni forma d'arte offre prospettive e modalità espressive distinte. Impegnarsi in diverse pratiche artistiche non solo arricchisce la nostra comprensione delle capacità umane ma può anche rivelare nuove dimensioni del nostro IKIGAI, permettendoci di esplorare diversi aspetti di noi stessi e del mondo che ci circonda.

Sperimentare per Scoprire

L'esplorazione di varie forme d'arte incoraggia la sperimentazione, un processo fondamentale per la scoperta del proprio IKIGAI. Attraverso la sperimentazione, possiamo inciampare su passioni precedentemente sconosciute o riscoprire interessi sepolti. Questo viaggio di scoperta creativa non solo nutre la nostra curiosità e il nostro desiderio di apprendimento ma ci guida anche verso una più profonda comprensione di ciò che ci rende veramente felici e appagati.

Storie di Trasformazione attraverso l'Arte

Un esempio vivente di come l'esplorazione artistica possa guidare all'IKIGAI è la storia di Tomoko, un ingegnere del suono che, dopo aver partecipato a un workshop di ceramica, scoprì una passione per la scultura che non sapeva di avere. Questa nuova avventura creativa non solo le ha portato gioia e soddisfazione ma ha anche ispirato un cambiamento di carriera. Integrando l'arte nella sua vita, Tomoko ha trovato un nuovo IKIGAI nel creare opere che fondono suono e forma, condividendo la sua visione unica attraverso mostre e installazioni.

Arte come Veicolo di Connessione Interpersonale

L'esplorazione delle arti offre anche preziose opportunità di connessione con gli altri. Che si tratti di collaborare a progetti artistici, di partecipare a gruppi o workshop, o semplicemente di condividere le proprie creazioni con una comunità, l'arte può servire come un potente mezzo di comunicazione emotiva.

Queste esperienze di condivisione non solo arricchiscono il nostro viaggio creativo ma rafforzano anche il nostro senso di appartenenza e contribuiscono alla costruzione di una rete di supporto che alimenta il nostro IKIGAI.

L'Arte come Esplorazione dell'IKIGAI

In conclusione dobbiamo abbracciare l'arte non solo come un mezzo di espressione personale ma come una strada per l'esplorazione e la realizzazione del nostro IKIGAI.

Attraverso l'impegno in diverse forme artistiche, possiamo scoprire nuovi interessi, passioni e modi di contribuire al mondo, avvicinandoci sempre più alla realizzazione di una vita piena di significato e scopo.

L'arte, in tutte le sue forme, diventa così non solo un riflesso della nostra ricerca dell'IKIGAI ma anche un compagno essenziale nel nostro cammino verso la scoperta di chi siamo e di cosa desideriamo veramente dalla vita.

Creare uno Spazio per la Creatività

L'ambiente fisico può avere un impatto significativo sulla nostra capacità di essere creativi.

Creare uno spazio dedicato all'arte e alla creatività, che sia un angolo della propria casa o uno studio, può aiutare a stimolare la mente e incoraggiare lo stato di flusso.

Questo spazio dovrebbe essere un rifugio dalle distrazioni quotidiane e un luogo dove si sente liberi di esplorare, sperimentare e creare senza giudizio.

La Routine dell'Ispirazione

Mantenere la creatività richiede anche di sviluppare routine che incoraggino l'ispirazione. Questo potrebbe significare dedicare tempo ogni giorno a pratiche creative, leggere regolarmente libri che stimolano il pensiero, o fare passeggiate nella natura. Anche l'abitudine di annotare idee, pensieri e osservazioni in un diario può servire come una preziosa fonte di ispirazione futura.

L'Importanza dell'Esposizione a Nuove Esperienze

Esporsi a nuove esperienze, culture, arte e persone può infondere nuova vita nel nostro processo creativo. Viaggiare, partecipare a workshop o classi, visitare mostre d'arte o semplicemente esplorare un nuovo quartiere possono aprire la mente a nuove idee e prospettive.

Queste esperienze arricchiscono la nostra comprensione del mondo e stimolano la nostra immaginazione, offrendo nuovi spunti per la creatività.

Connettersi con Altri Creativi

La connessione con altri artisti e creativi può essere incredibilmente ispiratrice. Condividere idee, collaborare su progetti o semplicemente partecipare a discussioni con menti affini può stimolare la creatività e offrire supporto e incoraggiamento.

Queste comunità possono diventare fonti vitali di ispirazione e motivazione, aiutandoci a mantenere vivo il nostro impegno nei confronti dell'arte e della creatività.

Accettare il Processo Creativo

Infine, è fondamentale riconoscere che la creatività non è sempre un flusso costante. Accettare la natura ciclica del processo creativo, compresi i periodi di stallo, fa parte del mantenimento di una pratica sostenibile. Imparare a vedere questi momenti come opportunità per il riposo, la riflessione e l'assimilazione delle esperienze può aiutare a ritrovare l'ispirazione e a rinnovare l'energia creativa.

Trovare ispirazione e mantenere la creatività sono processi attivi che richiedono dedizione, apertura e curiosità.

Attraverso la creazione di spazi stimolanti, lo sviluppo di routine ispiratrici, l'esposizione a nuove esperienze, la connessione con altri e l'accettazione dei ritmi naturali del processo creativo, possiamo coltivare una pratica artistica che nutre profondamente il nostro IKIGAI e arricchisce ogni aspetto della nostra vita.

9.4 Storie di individui che hanno trovato il loro IKIGAI attraverso l'arte

Immergiamoci nelle biografie ispiratrici di coloro che hanno scoperto il loro scopo di vita tramite la dedizione all'espressione artistica. Queste narrazioni non solo evidenziano la diversità delle vie verso l'IKIGAI ma anche come l'arte possa agire come chiave per sbloccare passioni profonde e indirizzare individui verso percorsi di vita ricchi di significato e soddisfazione.

La Rinascita Creativa di Akira

Akira era un programmatore informatico le cui giornate erano dominate dal codice e dalla tecnologia. Nonostante il successo professionale, sentiva un vuoto interiore e una mancanza di scopo. La svolta arrivò quando, quasi per caso, partecipò a un corso serale di ceramica. L'esperienza di modellare l'argilla tra le mani fu così trasformativa che Akira iniziò a dedicare tutto il suo tempo libero alla ceramica. Attraverso questo medium, scoprì un profondo senso di pace, appagamento e, infine, il suo IKIGAI: condividere la bellezza e la semplicità dell'arte ceramica, creando pezzi che portassero serenità nelle case e nei cuori delle persone.

Il Percorso di Yuki dalla Finanza all'Arte

Yuki lavorava in un'importante banca d'investimento, ma la pressione e lo stress del mondo finanziario iniziarono a pesare sulla sua salute mentale e fisica. La ricerca di un rifugio la portò alla pittura ad acquerello, un hobby che non aveva mai considerato seriamente prima. Dipingere divenne la sua terapia, un modo per esprimere emozioni represse e ritrovare il suo equilibrio interiore. Yuki capì che il suo IKIGAI era aiutare gli altri a trovare pace e gioia attraverso l'arte. Lasciò il suo lavoro in banca per diventare un'insegnante d'arte, dedicandosi a portare l'arte terapeutica nelle comunità locali.

Mario: Dall'Architettura all'Artigianato del Legno

Mario era un architetto di talento, lo conobbi in Italia, durante un periodo in cui studiavo a Roma, era specializzato nella progettazione di edifici sostenibili. Nonostante il successo, sentiva che qualcosa mancava nella sua vita professionale. Durante un viaggio in una remota regione boschiva in sud America, mi raccontò, aveva scoperto la tradizione locale dell'intaglio del legno. Affascinato, iniziò a studiare le tecniche tradizionali di lavorazione del legno e ben presto trovò nel legno un medium attraverso cui poter esprimere la sua creatività e il suo amore per la natura. Il suo IKIGAI si rivelò nel creare oggetti artigianali che riflettessero la bellezza e la complessità dell'ambiente naturale, promuovendo al contempo la consapevolezza ecologica.

L'IKIGAI di Karin attraverso la Danza

Karin era una contabile, ma la sua vera passione era sempre stata la danza. Dopo anni di lavoro d'ufficio, decise di seguire il suo cuore e di dedicarsi completamente alla danza contemporanea. Attraverso la performance, Karin esplorò temi di connessione umana, vulnerabilità e forza interiore, scoprendo che il suo IKIGAI era condividere storie emotive attraverso il movimento, ispirando gli altri a esplorare le proprie emozioni e potenzialità.

Queste storie illustrano vividamente come l'arte possa essere un potente veicolo per la scoperta dell'IKIGAI. Che si tratti di ceramica, pittura, artigianato del legno o danza, l'impegno nell'espressione artistica offre un percorso unico verso la realizzazione personale e la felicità. Attraverso l'esplorazione e la dedizione alle arti, questi individui hanno non solo trovato il loro scopo di vita ma hanno anche arricchito le vite di coloro intorno a loro, dimostrando che l'arte, in tutte le sue forme, è una manifestazione profonda dell'IKIGAI.

Concentriamoci su strategie pratiche per nutrire e rafforzare la nostra capacità creativa, un aspetto essenziale nella ricerca e nell'espressione del nostro IKIGAI.

1. Brainstorming Visivo

Questo esercizio incoraggia a usare immagini invece di parole per generare idee e ispirazione. Crea un collage visivo utilizzando ritagli di riviste, foto, tessuti, o qualsiasi altro materiale che ti ispira. L'atto di selezionare e combinare immagini diverse può aiutare a visualizzare nuovi concetti e progetti, stimolando la mente a pensare in modi non convenzionali.

2. Scrittura Automatica

Dedicare 10-15 minuti al giorno alla scrittura automatica può essere un potente strumento per sbloccare il flusso creativo. Senza preoccuparti della grammatica o della coerenza, lascia che le parole fluiscano liberamente dalla penna al foglio, esprimendo pensieri, sentimenti e idee senza filtro.

Questo esercizio aiuta a superare l'autocritica e a scoprire pensieri e idee nascoste sotto la superficie della coscienza.

3. Meditazione Creativa

La meditazione può essere un ottimo modo per rilassare la mente e aprire spazi per l'ispirazione. Prova a dedicare alcuni minuti al giorno alla meditazione, focalizzandoti su un tema o un'idea artistica che ti interessa. Lascia che le immagini, i suoni e le sensazioni associati a questo tema affiorino naturalmente nella tua mente, esplorando le connessioni e le possibilità creative che emergono.

4. Gioco dei Ruoli Creativi

Questo esercizio prevede di immaginare di essere un altro artista o creativo che ammiri. Chiediti: "Cosa farebbe [nome dell'artista] in questa situazione?" o "Come approccerebbe [nome dell'artista] questo progetto?". Assumere temporaneamente un'altra prospettiva creativa può fornire nuovi spunti e idee che potresti non aver considerato prima.

5. Viaggi Creativi

Anche se viaggiare fisicamente potrebbe non essere sempre possibile, puoi intraprendere "viaggi creativi" esplorando culture, arti e tradizioni diverse attraverso libri, documentari, musica e arte online. Dedica del tempo a "viaggiare" in un nuovo paese ogni settimana o mese, lasciandoti ispirare dalle diverse espressioni creative del mondo. Questa esplorazione culturale può arricchire enormemente la tua riserva di idee creative.

6. Challenge Creative

Imporsi delle sfide creative su base regolare, come completare un piccolo progetto artistico ogni giorno per un mese o scrivere una breve storia a settimana, può aiutare a mantenere alta la motivazione e a praticare la disciplina creativa. Questi esercizi incoraggiano la costanza e la sperimentazione, due componenti chiave per coltivare una pratica artistica sostenibile.

Attraverso questi esercizi, proviamo a sbloccare e coltivare la creatività, l'impegno, l'apertura e, soprattutto, la volontà di esplorare e sperimentare.

Integrando queste pratiche nella nostra vita quotidiana, possiamo mantenere viva la nostra passione per l'arte e la creatività, avvicinandoci sempre di più alla realizzazione del nostro IKIGAI, un percorso personale che unisce passione, missione, professione e vocazione in un'armonia creativa e significativa.

Capitolo 10: Vivere con IKIGAI

L'IKIGAI come Bussola Quotidiana

L'IKIGAI, compreso non solo come scopo di vita ma come la gioia di vivere, può fungere da bussola che guida le nostre decisioni quotidiane, dalle più piccole alle più significative. Integrare l'IKIGAI nella vita di tutti i giorni significa fare scelte consapevoli che riflettano i nostri valori più profondi, le nostre passioni e le nostre aspirazioni. Si tratta di chiedersi: "Questo mi avvicina al mio IKIGAI?" prima di intraprendere un'azione, garantendo così che il nostro percorso rimanga allineato con ciò che ci rende veramente felici e soddisfatti.

Abitudini Quotidiane che Riflettono l'IKIGAI

Costruire abitudini quotidiane che riflettano il nostro IKIGAI è fondamentale. Ciò può includere dedicare tempo ogni giorno alla riflessione personale, alla meditazione, alla gratitudine o a qualsiasi pratica che ci centri e ci connetta con il nostro scopo di vita. Può anche significare trovare modi per incorporare le nostre passioni e talenti nelle attività di tutti i giorni, trasformando anche i compiti più banali in opportunità di espressione dell'IKIGAI.

L'IKIGAI e le Relazioni Interpersonali

Integrare l'IKIGAI nella vita quotidiana significa anche coltivare relazioni che siano allineate con i nostri valori più profondi. Questo implica circondarsi di persone che ispirano, supportano e sfidano il nostro IKIGAI, creando una comunità di sostegno che condivide e arricchisce il nostro percorso di vita. Dedicare tempo ed energia alle relazioni che nutrono il nostro IKIGAI è essenziale per una vita piena di significato e connessione.

L'IKIGAI nel Lavoro e nella Vocazione

Per molti, trovare il proprio IKIGAI significa integrare la passione e la missione nella vita professionale. Ciò non necessita di grandi cambiamenti di carriera ma può iniziare con piccoli passi, come portare creatività, eccellenza e un senso di servizio nel proprio ruolo attuale. Esplorare come il proprio lavoro possa servire gli altri o contribuire a una causa più grande può rivelare nuovi livelli di soddisfazione e scopo.

Riflessione Continua e Crescita

Infine, vivere con IKIGAI richiede una riflessione continua e un impegno alla crescita personale. Questo processo include la valutazione periodica di come le nostre azioni quotidiane si allineino con il nostro IKIGAI, l'accettazione che il nostro IKIGAI possa evolvere nel tempo e l'apertura al cambiamento e all'apprendimento.

Integrare l'IKIGAI nella vita quotidiana è un viaggio di trasformazione che ci invita a vivere con intenzionalità, gioia e un profondo senso di scopo.

10.2 Strategie per mantenere vivo il proprio IKIGAI nel tempo

Scoprire il proprio IKIGAI è solo l'inizio; mantenerlo richiede una dedizione continua, adattabilità e un'attitudine alla crescita personale.
Ecco alcune strategie chiave per assicurarsi che il nostro IKIGAI rimanga una forza viva e dinamica nella nostra vita.

Riflessione Regolare e Valutazione

La vita è in costante cambiamento, e così possono fare le nostre passioni, talenti, e ciò che consideriamo il nostro contributo al mondo. Dedicare tempo regolare alla riflessione sulla nostra vita, sui nostri obiettivi e sul nostro attuale percorso può aiutarci a rimanere allineati con il nostro IKIGAI.

Questo può includere sessioni periodiche di journaling, ritiri personali di riflessione, o sessioni con un coach di vita o un terapeuta per esplorare più profondamente il nostro scopo e adattarlo alle fasi della nostra vita.

Sfide e Crescita

Il conforto è spesso il nemico del progresso. Mettersi alla prova con nuove sfide, sia personali che professionali, può aiutarci a scoprire lati nascosti del nostro IKIGAI o ad approfondire la nostra comprensione di esso-

Questo potrebbe significare imparare una nuova abilità, intraprendere un progetto che ci spaventa un po' o addirittura cambiare carriera se sentiamo che il nostro attuale percorso non è più allineato con il nostro IKIGAI.

Coltivare la Gratitudine

La gratitudine ci permette di apprezzare dove siamo nel nostro viaggio IKIGAI, anche quando stiamo cercando di navigare in acque incerte o affrontare sfide. Praticare la gratitudine quotidianamente può aiutare a mantenere una prospettiva positiva, riconoscendo le opportunità di crescita nelle difficoltà e apprezzando i progressi che facciamo verso il vivere pienamente il nostro IKIGAI.

Riconnettersi con la Passione

A volte, nel trambusto della vita quotidiana, possiamo perdere di vista ciò che ci appassiona veramente. Prendersi il tempo per riconnettersi con queste passioni – che si tratti di un hobby dimenticato, un interesse che abbiamo messo da parte o un sogno che abbiamo trascurato – può rinfocolare il nostro entusiasmo e darci nuova energia per perseguire il nostro IKIGAI.

Sostenere le Connessioni e la Comunità

L'IKIGAI non è solo un viaggio individuale; è anche arricchito e sostenuto dalle connessioni che abbiamo con gli altri. Circondarsi di una comunità di menti affini, che condividono valori simili o sono impegnate in percorsi di scopo simili, può offrire supporto, ispirazione e una rete di sicurezza quando incontriamo ostacoli nel nostro percorso IKIGAI.

Accettare l'Evoluzione dell'IKIGAI

Infine, è fondamentale riconoscere che il nostro IKIGAI può evolversi nel tempo.
Quello che ci dava scopo e significato dieci anni fa potrebbe non risuonare allo stesso modo oggi. Accettare questa evoluzione come parte naturale del viaggio della vita ci permette di rimanere flessibili e aperti a nuove possibilità che possono arricchire ancora di più la nostra esistenza.

L'insegnamento è che mantenere vivo l'IKIGAI richiede un impegno attivo per l'auto esplorazione, la crescita e l'adattabilità. Attraverso la riflessione, la sfida, la gratitudine, la passione, le connessioni comunitarie e l'accettazione del cambiamento, possiamo assicurarci che il nostro IKIGAI rimanga una guida luminosa e vitale nel nostro viaggio attraverso la vita.

10.3 Riflessioni finali su come l'IKIGAI può trasformare la vita

L'IKIGAI Come Motore di Crescita Personale

L'IKIGAI non è semplicemente un concetto astratto; è una forza vivente che ci guida verso la realizzazione personale e la crescita.

Attraverso la ricerca del nostro IKIGAI, impariamo a conoscere noi stessi su un livello più profondo, scoprendo ciò che ci appassiona veramente e ciò per cui siamo naturalmente dotati.

Questo processo di auto-scoperta è fondamentale per vivere una vita autentica e piena, permettendoci di allineare le nostre azioni quotidiane con i nostri valori e aspirazioni più profondi.

IKIGAI e il Contributo al Mondo

Oltre a favorire la crescita personale, l'IKIGAI ci incoraggia a considerare come possiamo contribuire al mondo in modo significativo.

Che si tratti di migliorare la vita delle persone intorno a noi, di contribuire a una causa più grande o di lasciare un'eredità duratura, l'IKIGAI ci spinge a guardare oltre noi stessi e a cercare modi per fare la differenza.

Questo orientamento verso il servizio e il contributo aggiunge uno strato di soddisfazione e scopo alle nostre vite che va oltre il successo personale.

L'IKIGAI Come Fonte di Resilienza

Nella vita, incontriamo inevitabilmente sfide e ostacoli.

 L'IKIGAI può servire come una fonte di forza e resilienza in questi momenti, offrendoci una ragione per perseverare e superare le difficoltà. Sapere che ci stiamo impegnando in qualcosa di più grande di noi stessi può fornirci la motivazione necessaria per affrontare le avversità e continuare a muoverci in avanti, anche quando la strada diventa difficile.

IKIGAI e Connessioni Umane

La ricerca e la realizzazione del nostro IKIGAI non avvengono in isolamento. Lungo il cammino, creiamo e approfondiamo le connessioni con gli altri, che siano familiari, amici, mentori o compagni di viaggio. Queste relazioni arricchiscono il nostro percorso IKIGAI, offrendo supporto, ispirazione e gioia. Inoltre, vivendo il nostro IKIGAI, possiamo ispirare anche gli altri a scoprire e perseguire il loro, creando una rete di influenze positive che si estende ben oltre la nostra cerchia immediata.

Riflessioni Finali

Concludendo, l'IKIGAI ha il potere di trasformare radicalmente la nostra esistenza, portandoci verso una vita di maggiore significato, soddisfazione e impatto. La scoperta e l'integrazione dell'IKIGAI nella nostra vita quotidiana ci invitano a vivere con passione, proposito e gioia, trasformando ogni giorno in un'opportunità per crescere, contribuire e connetterci profondamente con il mondo intorno a noi. Questo viaggio verso l'IKIGAI è uno dei percorsi più gratificanti che possiamo intraprendere, uno che arricchisce ogni aspetto della nostra vita e illumina il mondo con la nostra unica luce.

10.4 Invito all'azione: passi successivi per i lettori

Questa sezione non è soltanto una conclusione del libro, ma un punto di partenza, ora vediamo alcune linee guida pratiche e passi successivi per integrare le lezioni apprese e iniziare a vivere in modo più intenzionale e appagante.

Step 1: Auto-Riflessione Profonda

Inizia con una sessione di auto-riflessione dedicata. Utilizza un diario per esplorare le domande fondamentali che guidano la scoperta dell'IKIGAI: Cosa amo fare? In cosa sono buono? Cosa può offrirmi il mondo? Come posso contribuire agli altri?

Questo processo di indagine interiore è il primo passo vitale per avvicinarsi al proprio IKIGAI, aiutandoti a identificare le tue passioni, i tuoi talenti, e le opportunità di contributo.

Step 2: Stabilire Obiettivi Piccoli ma Significativi

Sulla base della tua auto-riflessione, stabilisci piccoli obiettivi che riflettano i tuoi interessi e aspirazioni IKIGAI. Questi obiettivi dovrebbero essere specifici, misurabili, raggiungibili, rilevanti e limitati nel tempo (SMART). Iniziare con piccoli passi può aiutare a mantenere la motivazione alta e rendere il viaggio verso l'IKIGAI meno schiacciante.

Step 3: Creare un Piano d'Azione

Sviluppa un piano d'azione dettagliato per raggiungere gli obiettivi che hai stabilito.

Questo potrebbe includere l'identificazione di risorse, la definizione di scadenze e la pianificazione di attività specifiche.

Il piano dovrebbe anche contemplare eventuali ostacoli che potresti incontrare e strategie per superarli, assicurandoti di rimanere sulla giusta strada anche di fronte alle sfide.

Step 4: Impegnarsi in Pratiche Quotidiane

Incorpora pratiche quotidiane che allineino la tua vita al tuo IKIGAI.

Questo potrebbe significare dedicare tempo ogni giorno alla tua passione, praticare la gratitudine, coltivare relazioni positive, o impegnarti in attività che ti portano gioia e soddisfazione.

Rendere queste pratiche parte della tua routine quotidiana può aiutarti a vivere più consapevolmente e in armonia con il tuo scopo di vita.

Step 5: Ricerca di Feedback e Adattamento

Mentre procedi nel tuo viaggio, cerca feedback da persone di fiducia e rimani aperto all'apprendimento e all'adattamento.

Il percorso verso l'IKIGAI è spesso non lineare e richiede flessibilità e resilienza.

Sii disposto a rivedere e aggiustare i tuoi piani in base alle tue esperienze e alle nuove scoperte che fai lungo il cammino.

Step 6: Celebrare i Successi e Riflettere sui Fallimenti

Celebra i tuoi successi, grandi e piccoli, e usa i fallimenti come opportunità di crescita. Ogni passo compiuto è parte integrante del viaggio verso l'IKIGAI, e riconoscere i tuoi progressi può fornire la motivazione necessaria per continuare a esplorare e perseguire il tuo scopo di vita.

Conclusione: Un Invito Continuo all'Azione

Questo non deve solo essere un capitolo conclusivo ma un invito continuo all'esplorazione, all'azione e alla riflessione. Integrare l'IKIGAI nella vita quotidiana è un processo dinamico e in evoluzione, una ricerca di significato che richiede curiosità, coraggio e impegno.

Questo punto offre ai lettori gli strumenti per iniziare questo viaggio trasformativo, incoraggiandoli a vivere ogni giorno con intenzionalità e scopo, alla scoperta dell'IKIGAI che li guida verso una vita di autentica realizzazione.

Libri e Pubblicazioni

Un elenco di letture consigliate, inclusi sia classici che opere contemporanee, che esplorano l'IKIGAI, la filosofia giapponese, il benessere e la crescita personale.
Questi libri offrono una varietà di prospettive sull'IKIGAI, dalla sua origine storica alle sue applicazioni moderne, permettendo ai lettori di approfondire la loro comprensione e di trovare ispirazione nelle storie di chi ha trasformato la propria vita grazie a questo concetto.

Letture Consigliate per Approfondire l'IKIGAI

1. "IKIGAI: Il Segreto Giapponese per una Vita Lunga e Felice" di Héctor García e Francesc Miralles
2. "La Via del Tè: Riflessioni sulla Vita e sull'IKIGAI attraverso la Cerimonia del Tè" di Okakura Kakuzō
3. "IKIGAI: I Nove Pilastri della Saggezza Giapponese" di Ken Mogi
4. "L'Arte Giapponese di Fare Ordine nella Propria Vita: IKIGAI e Feng Shui" di Marie Kondō
5. "IKIGAI e la Foresta che Cura: Come Connettersi con la Natura e Trovare il Proprio Scopo di Vita" di Yoshifumi Miyazaki

Documentari e Film

Una selezione di documentari e film che catturano l'essenza della cultura giapponese e del concetto di IKIGAI.

Attraverso queste opere visive, si può avere un assaggio dell'ambiente, delle pratiche e delle storie che incarnano l'IKIGAI, offrendo una finestra sulle vite di coloro che vivono i loro giorni con scopo e passione.

Documentari e Film che Approfondiscono l'IKIGAI

1. "Jiro Dreams of Sushi" - Una storia di dedizione, perfezionamento dell'arte culinaria e ricerca dell'IKIGAI attraverso il sushi.
2. "Happy" - Un viaggio globale che esplora le diverse concezioni della felicità, includendo la filosofia dell'IKIGAI.
3. "The Birth of Saké" - Un'intima occhiata alla vita dei lavoratori in una tradizionale birreria di saké giapponese, riflettendo sull'IKIGAI.
4. "Forest Bathing: The Healing Power of Nature" - Esplora la pratica giapponese del Shinrin-yoku e il suo collegamento con l'IKIGAI.
5. "Departures" - Un film che esplora temi di vita, morte e scoperta del proprio IKIGAI attraverso un viaggio emotivo.

Workshop e Ritiri

Informazioni su workshop, ritiri e seminari, sia online che in luoghi fisici, dedicati all'IKIGAI e alle pratiche correlate.

Queste esperienze immersive permettono ai partecipanti di esplorare l'IKIGAI in modo interattivo e di condividere il proprio percorso con altri ricercatori di scopo, facilitando l'apprendimento, la crescita personale e la connessione.

Workshop e Ritiri Spirituali

1. Ritiro di Shinrin-Yoku: Immersione nella Foresta per la Connettività con la Natura e Scoperta dell'IKIGAI.
2. Workshop di Calligrafia Giapponese: Esplorare l'Arte e la Meditazione attraverso la Calligrafia per Trovare l'IKIGAI.
3. Seminario sulla Cerimonia del Tè: Imparare le Antiche Tradizioni e Riflettere sull'IKIGAI attraverso la Cerimonia del Tè.
4. Ritiro di Zazen: Pratica Zen e Meditazione come Percorso verso l'IKIGAI.
5. Workshop di Arte Kintsugi: Trovare Bellezza nelle Imperfezioni e Riflettere sull'IKIGAI Attraverso l'Arte del Kintsugi.

Comunità Online

Un elenco di comunità online, forum e gruppi di discussione dove le persone interessate all'IKIGAI e alla cultura giapponese possono connettersi, scambiare idee e sostenersi a vicenda nel loro viaggio di scoperta. Queste piattaforme offrono spazi per fare domande, condividere risorse e trovare ispirazione nelle storie altrui.

Comunità Online o Forum su IKIGAI e Cultura Giapponese

1. Reddit - r/IKIGAI: Un subreddit dedicato alla discussione dell'IKIGAI e della filosofia di vita giapponese.

2. The IKIGAI Lab: Una comunità online che offre risorse, workshop e discussioni sull'IKIGAI.

3. Japan Guide Forum: Una piattaforma dove gli appassionati della cultura giapponese possono esplorare vari aspetti, incluso l'IKIGAI.

4. Meetup - Gruppi IKIGAI: Piattaforma per trovare gruppi locali interessati all'IKIGAI e ad altre pratiche giapponesi.

5. InterNations - Comunità Giapponese: Un luogo per connettersi con espatriati giapponesi e discutere di cultura, inclusa la filosofia dell'IKIGAI.

Esperienze Culturali

Gli eventi culturali giapponesi sono manifestazioni vibranti che celebrano la ricchezza e la diversità della cultura del Giappone, offrendo uno sguardo autentico su tradizioni secolari e innovazioni contemporanee. Dai festival stagionali, come il Hanami per ammirare la fioritura dei ciliegi, al Gion Matsuri con le sue maestose sfilate di carri, queste celebrazioni immergono i partecipanti in un mondo di arte, musica, danza e gastronomia giapponese.

Ogni evento è un'opportunità per esplorare antiche pratiche come la cerimonia del tè o l'ikebana, assaporare delizie locali e connettersi con il senso di comunità e armonia che permea la cultura giapponese.

Esperienze Culturali Giapponesi

1. Partecipazione a una Cerimonia del Tè Tradizionale: Esperienza diretta della cultura del tè e riflessione sull'IKIGAI.

2. Lezioni di Cucina Giapponese: Imparare l'arte culinaria giapponese come via per esplorare l'IKIGAI attraverso il cibo.

3. Workshop di Ikebana: Scoprire l'arte dell'arrangiamento floreale giapponese come espressione dell'IKIGAI.

4. Viaggio Culturale in Giappone: Un tour che include la visita a templi zen, giardini tradizionali e luoghi storici per immergersi nella ricerca dell'IKIGAI.

5. Festival Giapponesi Locali e Globali: Partecipare a festival culturali per sperimentare direttamente la gioia e la comunità che circonda le tradizioni giapponesi.

Un Invito Continuo all'Esplorazione

Armati di queste risorse, Questo capitolo finale è un promemoria che, nonostante il libro possa concludersi, la ricerca del proprio IKIGAI è un percorso che continua a evolversi, arricchito da nuove esperienze, incontri e scoperte.
La vita con IKIGAI è un'arte di vivere che richiede curiosità, apertura e un impegno costante verso la crescita personale e il benessere collettivo.

SALUTI DALL'AUTRICE

Caro lettore,

Concludendo questo viaggio attraverso le pagine di "Vivere con IKIGAI", voglio esprimere la mia più profonda gratitudine per avermi accompagnato in questa esplorazione della filosofia e della cultura giapponese alla ricerca del significato più vero della vita. Scrivere questo libro è stato per me è stato un percorso di scoperta personale tanto quanto spero lo sia stato per voi leggerlo.

La decisione di condividere queste riflessioni e strategie è nata dal desiderio di offrire ad altri la stessa luce che ha illuminato il mio cammino nei momenti di incertezza.
L'IKIGAI non è semplicemente una parola, ma un approccio alla vita che ci invita a connetterci profondamente con noi stessi, a scoprire la nostra passione, a coltivare la nostra missione, a riconoscere la nostra vocazione e a trovare la nostra professione.
È stata la mia bussola nelle tempeste e la stella che mi ha guidato nelle notti serene.

La mia speranza è che le pagine di questo libro vi abbiano ispirato a riflettere sulla vostra vita, a riconoscere e abbracciare il vostro unico IKIGAI, e a intraprendere passi coraggiosi verso una vita ricca di scopo, gioia e soddisfazione.
Ricordate, il viaggio verso l'IKIGAI è tanto personale quanto universale, e ognuno di noi ha qualcosa di straordinario da offrire al mondo.

Se questo libro ha toccato il vostro cuore, vi ha ispirato o semplicemente vi ha offerto nuove prospettive, sarei onorata se dedicaste un momento per condividere le vostre impressioni con una breve recensione su Amazon.
Le vostre parole possono illuminare il percorso di altri ricercatori di IKIGAI, estendendo la catena di ispirazione e supporto.

Con rinnovata gratitudine e i migliori auguri per il vostro viaggio...

Yumi Mori